INCREMENTAL

INCREMENTAL

Una visita guiada
al mundo emprendedor

Juan Pablo Luna
y Graciela Inés Gallo

teseo

EAN
ESCUELA ARGENTINA DE NEGOCIOS
INSTITUTO UNIVERSITARIO

CENTRO DE
EMPRENDEDORES

Gallo, Graciela Inés
Incremental: una visita guiada al mundo emprendedor / Graciela
Inés Gallo; Juan Pablo Luna. – 1a ed. – Ciudad Autónoma de
Buenos Aires: Teseo, 2018. 240 p.; 20 x 13 cm.
ISBN 978-987-723-179-3
1. Microemprendimientos Productivos. 2. Desarrollo. 3. Planifica-
ción. I. Luna, Juan Pablo II. Título
CDD 338.04092

Imagen de tapa: Denys Nevozhai

© Editorial Teseo, 2018

Buenos Aires, Argentina
Editorial Teseo
Hecho el depósito que previene la ley 11.723
Para sugerencias o comentarios acerca del contenido de esta obra,
escríbanos a: **info@editorialteseo.com**
www.editorialteseo.com

ISBN: 9789877231793

Compaginado desde TeseoPress (www.teseopress.com)

Índice

¿Por qué *incremental*?

Incremental es un concepto central en el campo de la planificación, el desarrollo y la innovación. Se utiliza en oposición a la planificación centralizada, para denotar el aprendizaje iterativo a partir de la acción. Presume la mejora continua centrada en el aporte de valor sobre una base preexistente, y conlleva gradualidad, creatividad y heurística. Una actitud incremental domina la escena emprendedora, y en el presente texto les proponemos una visita guiada para descubrir su incidencia.

En las últimas décadas, vivimos un periodo de innovaciones radicales que crearon nuevas tendencias, comportamientos, productos e industrias. En ese marco, los emprendedores surgieron como los portadores de la antorcha de la disrupción, y la creación de empresas fue también un medio para hacer accesibles y masificar las nuevas tecnologías.

De la mano de ese fenómeno, el emprendedorismo cobró relevancia, y para acompañarlo se importaron metodologías provenientes del campo del *management* que no resultaron adecuadas para abordar la incertidumbre inherente a la gestación y puesta en marcha de emprendimientos. Ante la dinámica de los nuevos mercados y la exigencia de mayor velocidad para lanzar los productos o perecer en el intento, surgió una decena de metodologías específicas, con mayor grado de adecuación a las etapas iniciales.

El paradigma incremental es afín a estas propuestas, pero también es consciente de sus límites: tomando aportes de múltiples autores, vamos a intentar demostrar la complementariedad de las diversas herramientas, nuevas y tradicionales, que resultan adecuadas para los múltiples desafíos que atraviesan las empresas en las distintas fases de su ciclo de vida.

Prólogo

Conozco a Juan Pablo desde que trabajamos juntos en el proyecto Jóvenes Emprendedores Rurales, y desde el comienzo demostró ser una persona inquieta, curiosa y estudiosa. Y cuando decidieron con Graciela escribir este libro, surgieron estas cualidades que se ven representadas a lo largo de todo el trabajo. La búsqueda de herramientas para optimizar el proceso emprendedor se ve reflejada en estas páginas, en un amplio recorrido por diferentes autores, así como en los viajes que realiza con los emprendedores.

Los autores comienzan por la definición del emprendedor y describen los diferentes enfoques y aportes de especialistas en el tema, intercalando las historias de emprendedores reales y aportando su visión al respecto. En este sentido, demuestran un amplio conocimiento de la bibliografía que existe sobre la temática, así como una real experiencia sobre el terreno, lo cual brinda al lector la posibilidad de combinar teoría y práctica y elaborar sus propias teorías.

La lectura del libro es fundamental para los emprendedores. En sus páginas se verán reflejados y además podrán aprender modelos que los ayudarán a resolver los desafíos que tienen que superar para lograr que sus emprendimientos sobrevivan, crezcan y sean rentables. En este sentido, se resalta en el texto la figura del equipo emprendedor como un factor fundamental para la creación de una empresa. Independientemente de que se trate de una cuestión de necesidad, oportunidad o visión del emprendedor, los autores explican claramente que el gran filtro es el mercado. La respuesta del mercado obliga a los emprendedores a tomar conciencia de que es vital para la supervivencia de su emprendimiento que sean capaces de aprender rápidamente, y a tener la flexibilidad y habilidad para formular una nueva estrategia sin quedar atrapados en el "enamoramiento" del emprendimiento.

El análisis de las alternativas de financiamiento y la descripción del equipo como capital vuelven a poner al emprendedor en el cetro de la escena, sin dejar de considerar la influencia del ecosistema en el que desarrollará su emprendimiento. En este sentido, el libro se introduce en el análisis de los diferentes enfoques sobre el ecosistema emprendedor, y en la lectura del capítulo correspondiente aparece nuevamente la actitud de los autores de desafiar los mitos y conceptos, lo cual enriquece al lector y le propone cuestionar sus convicciones con el fin de generar nuevas propuestas que aporten a continuar perfeccionando el proceso de creación de empresas.

En pocas palabras, es una lectura altamente recomendable para quienes estén interesados en expandir su mente, conocer diferentes enfoques sobre el tema y se sientan desafiados a realizar su aporte al desarrollo de la actividad emprendedora.

Javier González Pedraza
Presidente de INICIA, Comunidad de Emprendedores
Director de la Usina de Emprendedores
CAC – CAECE

Introducción

Emprender está de moda. Nadie puede dudarlo. El emprendedor es una suerte de héroe social en la actualidad. Revistas especializadas, programas de televisión, notas en los diarios, columnas radiales y miles de publicaciones en las redes sociales así lo confirman. Sin embargo, este fenómeno no tiene mucho más de diez o quince años. Un par de décadas atrás, el centro de la escena de los negocios lo ocupaban las pequeñas y medianas empresas (PyME), y un par de décadas más atrás, las grandes compañías multinacionales. ¿Qué pasó en este periodo? ¿Qué factores ocasionaron este cambio? La explicación no es simple, en la medida en que en este tránsito operaron factores económicos, tecnológicos, culturales y políticos. A lo largo del libro daremos cuenta de algunos de ellos.

Pero también buscaremos tomar distancia de la moda y analizaremos la figura social del emprendedor, rastreando sus orígenes y los valores simbólicos a los que fue asociada desde diversas corrientes teóricas. En una suerte de indagación ontológica sobre el emprendedor, buscaremos dar cuenta de la diversidad de acepciones que iluminaron y a la vez sesgaron el fomento del desarrollo emprendedor.

Claro que esto solo es posible si en paralelo indagamos sobre el emprendedorismo como un campo del conocimiento en evolución, del cual se desprenden las teorías que atraviesan la escena del nacimiento de nuevas empresas. Analizaremos también cómo algunas políticas públicas deformaron y condicionaron –aunque siempre con buenas intenciones– el desarrollo emprendedor, y compilaremos algunos aprendizajes y buenas prácticas para orientar a los tomadores de decisiones del ámbito público y del tercer sector, comprometidos con el fomento de la empresarialidad de base local.

Por último, pondremos nuevamente al emprendedor en el centro, para compilar algunas estrategias que se desarrollaron a partir del estudio del fenómeno emprendedor desde la perspectiva de sus protagonistas. Dispondremos una "caja de herramientas" para pensar proyectos, que esperamos que sea de utilidad a quienes están transitando o iniciando un proceso emprendedor en primera persona.

Asumiendo que las próximas décadas no serán una continuación del presente sino más bien una profundización disruptiva de los vertiginosos cambios tecnológicos, económicos, sociales y políticos que verificamos en el pasado cercano, intentaremos descorrer la punta del velo que nos separa del futuro. Sin pretensión de futurología, y cuidándonos de no entrar en el terreno de la ciencia ficción, los invitaremos a reconocer el germen de tendencias que tienen altas probabilidades de eclosionar en los próximos años y transformar el modo en que entendemos la generación de valor empresarial y social.

1

Ontología del emprendedor

Parafraseando a Aristóteles, *emprendedor* se dice de muchas maneras. Si sólo indagáramos en qué sentidos se utilizan las palabras 'emprender' y 'emprendedor' tendríamos que dedicar todo el libro a ello. Pero esa sería en parte una tarea vana, ya que la redefinición semántica de esos términos es tan rápida como los cambios que operan en el campo del desarrollo emprendedor. Optaremos por una solución pragmática: los invitaremos a bucear en los factores que influyeron en el posicionamiento del tema en la esfera pública, y a repasar diversas corrientes teóricas que contribuyeron a darle seriedad académica. Desde esas perspectivas no sólo aportaremos claridad a los conceptos, sino que nos vincularemos con las prácticas que les dan lugar.

Para iniciar, pongámonos de acuerdo en algo. ¿Notaron la gran cantidad de publicaciones *sobre* o *para* emprendedores que pueden comprarse en cualquier librería o revistero? ¿Vieron cómo proliferaron las publicaciones sobre emprendedores en las redes sociales? ¿Y en los programas de radio y televisión? Seguro también escucharon referencias a emprendedores en la voz de diversos líderes políticos y personalidades influyentes. El emprendedor tapa-de-revista es sin dudas un fenómeno de nuestra época. Pero dista mucho de ser un hecho mediático fortuito. Por el contrario, la instauración del status de emprendedor-héroe es una compleja construcción social.

En la década de 1990 el centro de la escena empresarial lo ocupaban las pequeñas y medianas empresas (PyME). La literatura de divulgación y las publicaciones más frecuentes estaban orientadas a brindar herramientas de gerenciamiento para pequeños y medianos empresarios que habían ganado notoriedad por su capacidad de generar empleo, innovar, y diversificar la economía de los países. No valían para ellos las mismas reglas administrativas que para las corporaciones multinacionales, por lo que la tecnología PyME era, en buena medida, una adaptación del conocimiento gerencial desarrollado durante el siglo XX a partir de las necesidades de las grandes compañías, que habían sido el actor central del desarrollo económico hasta la década de 1980.

¿A qué se debió este sucesivo cambio de foco? En el marco de la denominada *managed economy*, que predominó hasta los años ochenta, los grandes jugadores transnacionales dominaban la escena simbólica de la empresarialidad. Pero tendrían sus días de fama contados: un puñado de individuos visionarios revolucionaron la oferta de bienes y servicios en el campo de la informática y las tecnologías digitales, dando lugar al nacimiento no sólo de nuevos productos sino también de nuevas industrias que desplazaron a muchas industrias tradicionales. Ya no era suficiente apelar a las combinaciones de capital y trabajo para explicar el desarrollo; "el conocimiento se convierte en un factor vital en los modelos de crecimiento endógeno" (Thurik, 2008), y se produce el tránsito de la *managed economy* a la *entrepreneurial economy* (Audretsch y Thurik, 2001, 2004).

En pocas décadas, el contraste entre ambos modelos económicos trastrocó la escena empresarial. Estabilidad, especialización, homogeneidad, certeza y predictibilidad fueron las características centrales del contexto de la *managed economy*. A la inversa, en el marco de la *entrepreneurial economy* predominan la flexibilidad, los cambios turbulentos, la diversidad, la novedad, y el vínculo entre empresas (con dinámicas de 'clusterización' de las actividades). La pulseada entre escala versus flexibilidad la ganaron no sólo las pequeñas y medianas compañías, sino esencialmente las *nuevas* compañías. En ese contexto, y en una relación simbiótica con una creciente globalización, el portador simbólico de la empresarialidad dejó de ser el gerente o ejecutivo contratado que se desempeña en la superestructura de una multinacional, y ganaron ese espacio los emprendedores: individuos o equipos de trabajo reducidos, con características disruptivas e innovadoras, dispuestos a crear empresas para generar nuevos productos que, con su aparición, crearon a la vez nuevos mercados e industrias.

En una fusión creciente entre ambos factores, además de las empresas jóvenes, otro ingrediente característico de la transición fueron los jóvenes empresarios. Las nuevas tecnologías fueron apropiadas rápidamente por las nuevas generaciones, quienes a su vez tuvieron que adaptarse al contexto de crisis de la matriz del empleo tradicional. Portadores de nuevas tendencias en diseño, tecnología y consumo, los jóvenes emprendedores resumen el *tipo social* de la actualidad.

¿Tenemos que tomar esto como un éxito del emprendedorismo? ¿Todos los saldos son positivos en este proceso histórico? Al igual que ocurre con todos los procesos históricos complejos, la valoración también está condicionada por la época y por los posicionamientos ideológicos. Desde el campo del desarrollo local, se promovió fuertemente el desarrollo emprendedor como una herramienta por:

> ...la contribución de las nuevas empresas al crecimiento económico, la generación de puestos de trabajo, la innovación, el desarrollo regional, la diversificación del tejido productivo, la competencia, la democratización del poder económico, la igualdad de oportunidades y la canalización de las energías creativas de la población. (Kantis et al., 2004)

Desde las posiciones más críticas hacia el capitalismo postindustrial, se argumenta fuertemente contra la extrapolación de la cultura empresarial a todos los órdenes de la vida, transfiriéndole al individuo la responsabilidad de ser 'emprendedor de sí' para gestionar su propia vida y lograr ingresos en un contexto neoliberal en el que el sistema excluye socioeconómicamente a una gran porción de la población mundial (cfr. Deleuze, 1980; Sibilia, 2010).

En el presente libro asumiremos una posición a la vez optimista y crítica sobre el fenómeno emprendedor, en orden a potenciar las posibilidades transformadoras de las acciones humanas y del potencial expansivo de aquellas microprácticas que aportan valor a la sociedad. Hacia el final del escrito argumentaremos sobre las proyecciones estratégicas que esta posición supone.

Unidad en la diversidad

Para proseguir es necesario establecer un mojón semántico, a fin de señalar claramente qué sí y qué no entenderemos por *emprender, emprendedor,* y *emprendedorismo* en el presente volumen. Siguiendo a Shane y Venkataraman (2000), asumimos que el emprendedorismo es el proceso mediante el cual las "oportunidades de crear futuros bienes y servicios son descubiertas, evaluadas y explotadas". Pero dada la complejidad intrínseca de la definición, hay que notar que este enfoque nos remite al aprovechamiento de *oportunidades* y nos aleja del enfoque de creación de empresas, en tanto que no necesariamente hay que ser el fundador de una nueva organización para ser emprendedor.

Por ejemplo, desde esta perspectiva, un ejecutivo o empleado en relación de dependencia puede ser emprendedor dentro de una organización preexistente –pública, privada, o de tercer sector– en tanto atraviese el proceso de creación de bienes o servicios en el marco de dicha institución. A este sujeto le llamaremos *intraemprendedor.*

También será considerada emprendedora aquella persona que, con el objetivo de crear futuros bienes o servicios, funde una organización, aunque no tenga objetivos comerciales ni fin de lucro. Este es el caso, por ejemplo, de quien ponga en marcha una Organización No Gubernamental (ONG) para generar un bien social o ambiental.

Sin embargo, mayormente nos enfocaremos específicamente en el *emprendedor* tradicional, entendiendo por tal a aquella persona que descubre, evalúa y aprovecha una oportunidad de creación de nuevos bienes o servicios con orientación al mercado y en busca de un beneficio económico. Si bien esto nos remite a un contexto empresarial, debemos entender que las tipologías organizacionales se redefinen periódicamente. Tengamos en cuenta, por ejemplo, el caso de las empresas de beneficio e interés colectivo –a las que dedicaremos un párrafo aparte- que nacen para cumplir un objetivo social y/o ambiental, pero utilizan estrategias de mercado para lograrlo.

Un poco de historia

A esta altura ya habrán notado que la necesidad de aclarar los términos responde a que no siempre, ni para todos, emprender significa lo mismo. ¿Qué significó en otros contextos? ¿Qué valores, prácticas y conceptos fueron asociados a la palabra *emprendedor*?

Empecemos por el principio. En torno a 1730 el economista franco-irlandés Richard Cantillon definió por primera vez en la historia al *emprendedor*. En su obra *Ensayo sobre la Naturaleza del Comercio en General*, señaló:

> Muchas gentes en la ciudad se convierten en comerciantes o empresarios, comprando los productos del campo a quienes los traen a ella, o bien trayéndolos por su cuenta: pagan así, por ellos un precio cierto, según el del lugar donde los compran, revendiéndolos al por mayor, o al menudeo, a un precio incierto.

De esta afirmación podemos deducir que la primera definición de *emprendedor* se asoció a un ámbito específico: la ciudad; a una actividad principal: el comercio; y a un factor central: el riesgo implicado en comprar al precio que le fija su proveedor y vender al precio que él logre fijar en el mercado. La tradición del emprendedor como tomador de riesgo perdura hasta nuestros días, al igual que el vocablo francés con el que lo definió, *entrepreneur*[1].

Dado que la reflexión central de los economistas neoclásicos se ocupaba del equilibrio general de los mercados, la creación de empresas y la toma de iniciativa emprendedora no representaban un tema de interés. Sin embargo, algunos autores analizarán marginalmente la figura del emprendedor asignándole características o funciones específicas en relación a dicho equilibrio.

Ya lo sabemos: el concepto de *perfección* de la economía neoclásica es una entelequia. El comportamiento real de los mercados es concebido como *imperfecto* en contraste con las condiciones de un mercado ideal en el que no hay posiciones dominantes (ni entre los demandantes ni entre los oferentes), los productos son indiferenciados, y la información completa está en posesión de todos los actores. Un elefante volador tendría más probabilidades de existir. En el seno mismo de la Escuela Neoclásica, Frank Hyneman Knight (1921) detecta que, desde la perspectiva de los individuos, no se cumplen las premisas de información perfecta y capacidad de predicción de los agentes propuestas en los modelos de equilibrio general. Por el contrario, los individuos operan en el mercado con incertidumbre y serán para este autor los emprendedores quienes detentan cierta capacidad de predicción para guiar sus acciones económicas, una habilidad a la que se referirá como *judgement*. Este poder

---

[1] La palabra entrepreneur fue adoptada sin modificación en el idioma inglés y se utiliza para definir al empresario emprendedor.

de 'juicio con buen criterio económico' en ambientes de incertidumbre se suma a la noción de emprendedor como una capacidad que lo distingue de otros individuos.

Desde la Escuela Austríaca, el economista Israel Kirzner también se enfocó en una característica personal de los emprendedores: su 'alertidad' (*alertness*). La propuesta de este autor está centrada en el conocimiento imperfecto que caracteriza a los mercados, asumiendo que conocimiento e ignorancia pesan por igual en el sistema económico. Tanto es así que los individuos, como agentes económicos, pueden estar al lado de una oportunidad de negocio sin reconocerla. Los emprendedores, en cambio, son aquellos individuos que leen entre líneas los desequilibrios entre la oferta y la demanda, saben proveerse de información de mercado y aprovechan en su favor la oportunidad de negocio. De esta manera, son agentes económicos que contribuyen a restablecer el equilibrio.

Otro influyente economista de la Escuela Austríaca, Joseph Schumpeter, consideraba todo lo opuesto en relación al equilibrio. De hecho, a él le debemos la asociación de la figura del emprendedor con la innovación. Si bien este autor hace referencia al rol del empresario sin distinguir estrictamente las figuras de emprendedor y de gerente, logró asociar a su función específica la materialización de nuevas combinaciones que, en buena medida, cambian las reglas del juego para los participantes del mercado[2]. O, al menos, desordenan un poco las fichas en el tablero y los obligan a reacomodarse.

---

2   Sobre el concepto de "empresario" en este autor, Veciana (1999) señala que "para Schumpeter 'empresario' es toda persona que 'realiza nuevas combinaciones de los medios de producción' y, por tanto, incluye no solo a aquellos hombres de negocios 'independientes', sino a todos los que realicen dicha función, aún si son 'dependientes', o empleados de una compañía, y cesan de serlo o pierden su carácter de empresario tan pronto como han establecido su empresa o empiezan a dirigir el negocio de forma rutinaria".

Imaginemos la siguiente situación: estamos en el año 1983 decidiendo tomar un crédito para ampliar la planta de producción de nuestra fábrica de máquinas de escribir, incorporando una línea de producción para unas innovadoras máquinas de escribir eléctricas. Contrataremos casi el doble de empleados para lograr un nivel de producción que nos permita abastecer la creciente demanda que se expande desde hace más de dos décadas, cuando heredamos la fábrica familiar. Como empresarios optimistas que somos, tendemos a pensar en positivo y a soñar con nuevas conquistas, pero hacia 1986 empezamos a notar que algo extraño sucedía en la demanda. Muchos de nuestros principales clientes estaban comprando algo que se llamaba 'computadoras personales'. Hacia 1990, ya nadie quería comprarnos máquinas de escribir ni eléctricas ni tradicionales.

En el ejemplo imaginario, la figura del emprendedor está asociada a las nuevas empresas que en la década de 1980 encontraron una nueva tecnología y la explotaron, desplazando a los jugadores tradicionales cuyas empresas se inscribían en industrias que resultaron obsoletas ante la innovación. Esa fue, sin dudas, una mala década para las fábricas de máquinas de escribir, así como las décadas siguientes fueron malas para las compañías fotográficas tradicionales en la medida en que disminuyó drásticamente el consumo de fotografías en papel. Las compañías de telecomunicaciones tradicionales están aún adaptándose ante la explosión de las plataformas de comunicación vía internet, y el desplazamiento de los teléfonos por parte de los *smartphones*. Y los videoclubes no lograron sobrevivir a los servicios de video *on demand*, salvo como reliquias *vintage* para cultores del cine. Cuando una innovación disruptiva se produce, se impone la regla 'adaptarse o morir', por lo que cada empresario debe decidir un curso de acción que puede oscilar entre cerrar sus puertas, cambiar de rubro o incorporar tecnología y subirse a la nueva ola. El estereotipo de emprendedor schumpeteriano asume en el mercado, en buena medida, el papel de la diosa hindú Shiva:

cuando entra en acción destruye para renovar. La destrucción creativa es la dinámica de los mercados que Schumpeter ilustra, siendo el emprendedor quien altera el equilibrio del mercado, corriendo las fronteras de posibilidades de producción a partir de la generación de nuevas combinaciones de recursos.

Vivimos en una época signada por los cambios tecnológicos, por lo que hasta los más jóvenes han sido testigos del cambio de dispositivos que fueron de uso corriente hasta que una nueva propuesta los reemplazó. Pero, así como la innovación puede basarse en nuevas tecnologías y en la introducción de nuevos bienes en el mercado, también puede basarse en la apertura de nuevos mercados, en el desarrollo o disposición de otras materias primas, o incluso en un nuevo formato organizacional para llevar adelante la producción.

Si tenemos en cuenta cómo las ideas de Schumpeter permearon en la cultura empresarial, notaremos que puso una vara muy alta para los emprendedores. ¿Todos los emprendedores tienen que ser innovadores? Si respondemos que sí ante esa pregunta, estaremos ciñendo el fenómeno emprendedor a una porción muy pequeña de los fundadores de empresas. Sobre todo porque el autor no se anda con chiquitas: para él, las adaptaciones no cuentan como innovación. La innovación está constituida por cambios profundos, espontáneos, discontinuos, que alteran el equilibrio de mercado y obligan a todos los jugadores a tomar partido y a redefinir su jugada.

En cambio, podemos aceptar que, en la medida en que el emprendedor schumpeteriano provoca desequilibrios abriendo nuevos mercados e industrias, hacen falta emprendedores kirznerianos que, a raíz de su 'alertidad', encuentren oportunidades en esos desequilibrios y, aprovechándolas, tiendan a restablecer el orden en el mercado. El emprendedor schumpeteriano es la punta de la lanza, pero pocos cambios se masificarían sin el aporte de emprendedores kirznerianos que en el desequilibrio originado en la disrupción aprovechan para generar negocios valiéndose de las nuevas tecnologías, mercados o demás factores. Para ilustrarlo con ejemplos cercanos: un día nació la internet 2.0 a partir de Facebook, un sitio web que proponía la descentralización en la generación de contenidos. Ya no sería un equipo de redacción quien decidiría qué publicar, sino los propios usuarios, interactuando entre sí en una red social. Se revolucionó completamente la frontera de posibilidades de lo que ocurría en internet. ¿Terminó allí la película? Todos sabemos cómo continuó el fenómeno: otros emprendedores entendieron rápidamente el concepto e identificaron oportunidades. Imaginaron que los usuarios querrían ser protagonistas y generar contenido de valor para sus seguidores, y nació Twitter. Imaginaron que las imágenes compartidas en tiempo real se impondrían ante el texto y nació Instagram. Pensaron que la impermanencia del contenido podía aportar valor y nació Snapchat. Y la lista sigue con cientos de opciones más, para profesionales, para investigadores, para buscadores de citas, para músicos, etcétera. Hasta sitios web con modelos más tradicionales se adaptaron o lanzaron productos con el nuevo concepto; tal es el caso de Google+ o la redefinición de la interacción entre usuarios en Youtube.

Y hablando del desequilibrio, entra en escena otro economista estadounidense, Theodore Schultz (1975), quien precisamente hace foco en la habilidad para hacer frente a los desequilibrios. Pero en vez de pensarla –siguiendo la tradición de Kirzner y Schumpeter– como una facultad exclusiva de una pequeña porción de la población, sugiere que no sólo dicha habilidad está en posesión de todos, sino que además puede ser estimulada e incrementada. Nace así un nuevo concepto al que suscribiremos fuertemente en esta época: el capital humano. En algunos países y regiones las variables clásicas de capital y trabajo son insuficientes para explicar el desarrollo. En cambio, las capacidades de la población, el *saber cómo* instalado y la habilidad para encontrar oportunidades originadas en desequilibrios (a la Kirzner) pueden generar prosperidad económica en interacción con los demás factores de producción.

Schultz (1975) abre una puerta teórica a la formación emprendedora. El capital humano es una inversión. La educación no es un gasto. Podemos deliberadamente invertir recursos en desarrollar nuestras capacidades para gestionar el desequilibrio y aprovechar oportunidades de negocio. Esta posición puede incluso fundamentar una política pública orientada a ensanchar la base de emprendedores a partir de la formación. *Ex nihilo nihil fit.* "De la nada, nada sale", reza un antiguo principio. En una entrevista, el reconocido emprendedor argentino Andy Freire hizo declaraciones sobre un país de Europa del Este del cual surgió un emprendimiento que revolucionó la comunicación en internet a través de videoconferencias, Skype. "En 2000, Estonia se propuso hacer una gran inversión en tecnología y enseñar a programar. De hecho, todas las escuelas tienen acceso a Internet", señaló Freire, y añadió que "de esa cultura de programadores surgió Skype. Desde la decisión gubernamental. No surgió por casualidad, sino por diseño". Desde la perspectiva de Schultz, la formación de capital humano emprendedor es, a todas luces, una inversión estratégica.

Pero si lo analizamos en términos de inversión, tendríamos que evaluar la 'tasa de conversión' de emprendedores. Supongamos que cien personas atraviesan un proceso de formación emprendedora. ¿Cuántas de ellas realmente serán emprendedoras y fundarán sus propias empresas? Y más aún, ¿qué factores incidirán en que algunas emprendan y otras no lo hagan? Esas preguntas dieron lugar, entre 1950 y 1970, a una profunda indagación sobre los atributos personales de los emprendedores, tanto en términos individuales como en términos sociales. El psicólogo David McClelland (1961) fue el adalid de esta corriente y, centrado en la teoría de la necesidad, se preguntó por qué una sociedad tiene mayor necesidad de logro que otra. ¿Qué valores y motivaciones sociales impulsan a los individuos a aprovechar oportunidades de negocio? Y más aún, ¿qué características personales tienen aquellos individuos que se lanzan a la carrera emprendedora?

Los emprendedores serán para McClelland (1961) aquellos individuos que tengan, para sentirse conformes consigo mismos, una mayor necesidad de logro. Esto los llevará a estar dispuestos a correr riesgos y a asumir que lo que pasa en su entorno está ligado de forma directa a sus propias acciones y responsabilidades.

A partir de estos enfoques psicologistas surgieron (y continúan surgiendo) diversos tests de personalidad orientados a identificar qué características emprendedoras tienen los individuos. McClelland diseñó un modelo integrado por cuarenta 'motivaciones' arquetípicas, que resumió en tres grandes grupos: la necesidad de realización, la necesidad de afiliación, y la necesidad de poder. Mientras que la necesidad de realización está vinculada al desafío personal y a la satisfacción interna de demostrarse a sí mismo de qué es capaz, la necesidad de afiliación se relaciona con el deseo de pertenencia de determinado grupo social, y la necesidad de poder con un fuerte sentido de independencia y de influencia sobre otras personas para aceptar su liderazgo.

Así, entre las características personales de los diversos grupos se encuentran la inclinación a buscar y aprovechar oportunidades, la persistencia, la exigencia de calidad y eficiencia, el cumplimiento de los compromisos asumidos, la fijación de objetivos y el seguimiento sistemático de ellos, la persuasión, el sentido de independencia y la confianza en sí mismo.

Ahora bien, supongamos que tenemos un test estandarizado, de alta efectividad, que podemos utilizar para identificar quiénes tienen las mencionadas características de personalidad. ¿Debemos suponer que quienes tengan una alta presencia serán indefectiblemente emprendedores? ¿No será, acaso, que todas las tareas de alto rendimiento requieren algunas dosis y combinaciones de dichas características personales? Si las analizamos, sin dudas las encontraremos presentes en científicos, deportistas, músicos, y profesionales exitosos[3]. El análisis de la personalidad en abstracto puede llevarnos a puertos no seguros.

Y así lo entendieron en la década de 1980 dos autores que criticaron fuertemente el enfoque psicologista y se ciñeron a la acción emprendedora. En palabras de William Gartner (1988), "lo que diferencia a un emprendedor de un no-emprendedor es que los emprendedores crean organizaciones, mientras que los no emprendedores no lo hacen". En un artículo de 18 páginas titulado "'¿Quién es un emprendedor?' es la pregunta equivocada", en el que hace una revisión crítica de los diversos enfoques centrados en atributos personales, demuele varias décadas de investigación centrada en el análisis de personalidades y vuelve a conectar el emprendedorismo con su hecho más básico: crear empresas.

Cuatro años antes, Albert Shapero (1984) había propuesto un giro similar, ocupándose de indagar en lo que denominó el *evento emprendedor*, caracterizado por la toma de iniciativa, la reunión de recursos para lograr los objetivos propuestos, el gerenciamiento de una organización y la autonomía y asunción de riesgos implicada en la actividad empresarial.

Shapero considera que la innovación radica en la impulsión del evento emprendedor, y no necesariamente en el uso de una nueva tecnología o en la innovación en productos. En términos del autor, emprender implica dos decisiones en una: crear (o redireccionar) una organización y cambiar de modo de vida, afrontando un estilo de vida económicamente independiente. Por esta razón, la disposición a emprender está lejos de ser una decisión trivial

---

[3] A este respecto, Veciana (2005) señala que las investigaciones empíricas sobre los rasgos psicológicos del empresario se han ido reduciendo en los últimos años porque "ante los resultados contradictorios de muchas investigaciones va cundiendo la convicción de que los rasgos atribuidos al empresario no son exclusivos de este."

para quien la toma: estará atravesada por múltiples factores: la situación familiar, las responsabilidades laborales, la trayectoria –y la inercia para mantenerla– del estilo de vida de la persona.

Por esto, el autor interpreta que en la raíz del evento emprendedor existe un efecto personal de 'desplazamiento': la aparición de algún factor que altera el decurso regular de la vida de un sujeto y lo enfrenta a la opción de emprender. Esta ruptura de la normalidad, o dislocamiento de la rutina, puede estar originada en factores negativos que impulsan (*push*) a emprender, tales como situaciones de crisis general, la pérdida de un trabajo, la inconformidad con el trabajo que mantiene, etc. Pero también puede estar originada en factores positivos, que atraen (*pull*) a la toma de iniciativa emprendedora, tales como un entorno de familiares o amigos que estimulan esa actividad, un hito determinado en la vida (por ejemplo, recibirse de una carrera universitaria, tener un hijo, etc.), o potenciales clientes que manifiestan su voluntad de adquirir por anticipado los bienes o servicios que el emprendedor estaría dispuesto a proveer.

Ahora bien, el efecto desplazamiento es tan sólo un estímulo (entre tantos otros estímulos que tenemos los seres humanos a lo largo de nuestra vida). La disposición a transformar ese estímulo en una acción emprendedora está tamizada por la percepción individual de *deseabilidad* y de *factibilidad*.

Nadie en su sano juicio estará dispuesto a arrojarse voluntariamente tras un objetivo que no considere deseable y factible de alcanzar. Esto nos remite nuevamente al ámbito subjetivo, en cuyo foro interno se debatirá consciente o inconscientemente la deseabilidad del proyecto emprendedor. La matriz cultural, la estructura socioeconómica del sujeto, su educación, su entorno familiar, las opiniones de compañeros, amigos y de personas influyentes serán factores de peso para incidir sobre la deseabilidad de la carrera emprendedora.

La evaluación de factibilidad será la otra vertiente de filtrado de la que dependerá, finalmente, la decisión de emprender o no emprender. Debemos subrayar que la evaluación de factibilidad se realiza en primera persona: lo que es factible para alguien puede no serlo para otro, o viceversa. La percepción de factibilidad estará fuertemente atravesada por las propias capacidades, los recursos ya dispuestos o asequibles de forma directa o indirecta, los vínculos y redes de apoyo disponibles por parte del sujeto, entre otros factores.

Podemos notar que este enfoque recupera las características de personalidad de los emprendedores y su incidencia en la toma de iniciativa. La posibilidad de acceder a (más que la posesión de) recursos será también un factor clave para juzgar la factibilidad de la empresa en el foro interno. La autoconfianza cumple, en este aspecto, un rol fundamental, ya que muchos emprendedores se lanzan a actuar con menos recursos de los que necesitan, pero movidos por un fuerte compromiso con el objetivo trazado, compensan la falta de recursos con lo que Shapero denomina *sweat equity*, haciendo referencia a la transpiración derivada de una enorme dosis de esfuerzo personal.

Al igual que Schultz, Shapero nos da pistas sobre la formación emprendedora. Mientras que para potenciar la deseabilidad de la carrera emprendedora hay que fortalecer la cultura y la valoración social de la actividad independiente, para contribuir a la evaluación personal de la factibilidad, la herramienta más potente es un ejemplo empático de alguien que lo hizo: "la más poderosa influencia en la percepción de factibilidad de crear una empresa es la observación de otros. Ver a alguien parecido a uno creándolas aumenta la probabilidad de que puedas imaginarte haciendo lo mismo" (Shapero, 1984).

Aportes contemporáneos

Es sugerente el título del libro de Flores et al. (2000) que sintetiza la función que los autores asignan a los emprendedores: *Abrir nuevos mundos*. A la mayoría de los cambios tecnológicos que transformaron nuestra cotidianeidad podemos ponerles nombre y apellido, y asociarlos a la figura de los emprendedores que los impulsaron. Naturalizamos de tal manera la disposición de ciertos bienes y servicios, que ya no imaginamos cómo era la vida antes de disponer de ellos. La materia prima que sustenta la economía de nuestra época abreva en una cantera infinita: los bits. El motor de las revoluciones económicas siempre fue una materia prima abundante como el carbón o el petróleo. Pero de 'abundante' a 'infinita' hay un salto cuántico, por lo que no es casualidad que los entusiastas tecnológicos instauren los conceptos de *abundancia* y *exponencialidad*, que Jeremy Rifkin (2014) hable de la sociedad de costo marginal cero, y que Chris Anderson (2009) describa los escenarios en que *gratis* es el nuevo precio radical.

Siguiendo la línea de razonamiento de Schultz, si los factores de producción clásicos –tierra, capital y trabajo– no logran explicar el nuevo escenario socioeconómico, tenemos que dar protagonismo al conocimiento como cuarto y principal factor. Y el conocimiento no es un conjunto de información publicada en libros o en internet; el conocimiento siempre está anclado a personas que llevan adelante acciones basadas en él. No es casualidad que en este contexto se vuelva a recuperar la subjetividad como un valor positivo, un factor clave para motivar y orientar la acción de los emprendedores capaces de crear nuevos productos, tendencias e industrias a partir de sus sueños.

En el próximo capítulo retomaremos este punto a partir de autores contemporáneos, pero problematizando el giro copernicano que se verificó en la compleja relación entre el emprendedor y la oportunidad.

2

Un espacio de oportunidades

Para los enfoques económicos ortodoxos, las oportunidades de negocio no representaban demasiado problema. Estaban basadas en las necesidades humanas y, ante la existencia de demanda, había una suerte de generación espontánea de una oferta orientada a satisfacerla, que a su vez cumplía la función sistémica de restituir el equilibrio en el mercado para dejar tranquilos a los desvelados economistas. La creación de empresas era una suerte de 'caja negra' que no necesitaba ni requería explicación.

En la medida en que algunos de los autores que repasamos comenzaron a vincular el fenómeno de la creación de empresas con los sujetos de carne y hueso que tomaban la iniciativa de ponerlas en marcha, la detección y aprovechamiento de una oportunidad de negocio comenzó a ser un factor a explicar.

Con el auge del emprendedorismo y el incremento de las investigaciones focalizadas en los procesos de creación de empresas, pudo comprobarse la fuerte influencia del equipo emprendedor en la conformación y aprovechamiento de las oportunidades de negocio. Así, en el tradicional modelo de Jeffry Timmons (1999) se definen las oportunidades de negocio mediante la relación de tres variables constitutivas: la oportunidad (centrada en la demanda), los recursos y el equipo de trabajo. Se reconoce una oportunidad cuando un bien o servicio crea un valor significativo para los clientes, atiende una necesidad no satisfecha por la cual los clientes están dispuestos a pagar más, las capacidades existentes del equipo de gestión son adecuadas para explotarla, y las ganancias originadas a partir de ella se mantendrán durante un período razonable de tiempo.

Supongamos que miles o incluso millones de calvos están dispuestos a pagar por un producto que les haga crecer el pelo en un par de meses. Coincidiríamos en que el primer requisito exigido por Timmons para que haya una oportunidad de negocio está cumplido: existe la demanda; un mercado busca ser abastecido. Sin embargo, a menos que algún atento lector haya desarrollado esa pócima milagrosa, tenemos que concluir que, a pesar de que sería un negocio multimillonario por la demanda potencial que lo recibiría, no contamos con los recursos necesarios para abastecerla. Por tanto, no podríamos hablar de una oportunidad de negocios, sino sólo de una demanda insatisfecha. Una importante lección debe quedarnos grabada a fuego en este punto: la sola existencia de demanda insatisfecha no es sinónimo de oportunidad de negocio.

Pero supongamos un ejemplo más optimista: heredamos una chacra implantada con varias hectáreas de manzanos. Todas parecían buenas noticias hasta que nos enteramos de los altos costos de mantenimiento de la plantación, el bajo precio de la manzana a granel y las complejas condiciones del mercado oligopsónico en el que se comercializan. Como equipo emprendedor nos encontramos con recursos abundantes, pero con una demanda poco prometedora y contraída. ¿Qué podríamos hacer en esa situación? Es aquí donde el factor subjetivo de quienes lideran el proyecto se pone en juego. Sus conocimientos previos, sus redes de contacto, sus habilidades e intuiciones tendrán una influencia preponderante en las decisiones estratégicas que podrían derivarse. Nuevamente en el terreno de las suposiciones, podríamos especular con diversos finales posibles. Uno de ellos sería tomar la decisión de salir del mercado de los *commodities*, agregar valor a la fruta produciendo una sidra de alta gama para venderla 'tirada' en pubs del centro urbano más próximo. Otra opción podría ser deshidratar

las manzanas en hojuelas y venderlas como *snacks* saludables con una marca propia. Otra podría ser... ¿cuántos
finales alternativos se les ocurren? Sin dudas, hay tantas
opciones posibles como equipos emprendedores capaces de
imaginarlos y liderarlos.

Supongamos otro escenario: iniciamos la comercialización de snacks saludables a escala local, pero gracias
a la participación en un par de ferias especializadas y a
la promoción que hicimos en las redes sociales, logramos
posicionar nuestra marca a nivel nacional. Pronto, nuestra
capacidad productiva es insuficiente y ya no nos alcanzan
las manzanas de nuestra chacra para abastecernos de materia prima. ¿Qué podríamos hacer en tal situación? Probe-
mos nuevamente con un *elije tu propia aventura*. ¿Alquilamos
capacidad ociosa de una fábrica más grande para que pro-
duzca a fasón para nuestra marca? ¿O será mejor endeudar-
nos para ampliar nuestra planta de producción? ¿Compramos manzanas a otros productores primarios? ¿Implanta-
mos más hectáreas con frutales? ¿Evaluamos la posibilidad
de comprar directamente manzanas deshidratadas y sólo
internalizamos el fraccionamiento y empaque en envases
con nuestra marca? Enfrentamos una vez más diversos y
alternativos finales posibles, que serán imaginados y some-
tidos a una evaluación estratégica por parte del equipo que
está liderando el emprendimiento.

En la primera situación, contábamos con recursos,
pero la demanda de *commodities* no era tentadora para
impulsar el negocio, por lo que el equipo emprendedor se
vio impelido a reconfigurarla, apuntando a generar productos para otros mercados. En la segunda situación, el desbalance es opuesto: la demanda es más grande que los bienes
con los que se cuenta para abastecerla, por lo que el equipo emprendedor tiene que acceder y reorganizar recursos
para abastecerla. De estos ejemplos podemos destilar una
importante conclusión. ¿Cuál es el factor más importante
para conformar una oportunidad de negocio? Está claro
que sin una demanda potencial no hay negocio posible.

También está claro que sin los recursos para abastecerla, tampoco existe oportunidad alguna. Pero si tuviéramos que decidir cuál de los tres factores –demanda, recursos o equipo emprendedor– es el más importante para explotar una oportunidad, ¿cuál deberíamos elegir? A no titubear en este punto: sin dudas al equipo emprendedor, ya que es este quien puede revertir los desbalances entre la demanda y los recursos para satisfacerla. En sus capacidades, conocimientos y valores se soportará el éxito o fracaso de la nueva empresa.

Pongamos un apóstrofe sobre este ítem. Timmons distingue a los emprendedores-fundadores del equipo de gestión del emprendimiento. Para aprovechar la oportunidad, el emprendedor, además de acceder y reorganizar los recursos necesarios, debe conformar un equipo de gestión acorde a la escala y a los objetivos del emprendimiento. Usualmente se distinguen tres capacidades personales indispensables para gerenciar eficientemente un emprendimiento: la del/a estratega, capaz de mirar por encima del día a día y proyectar objetivos en el tiempo, la del hombre/mujer de acción, que vela por la ejecución de todos los procesos y garantiza que las tareas sean realizadas, y la del 'frontman'/'frontwoman', la cara visible de la empresa, y la persona encargada de ampliar las redes de apoyo y las alianzas estratégicas de la organización. Producir, vender, y llevar adelante la administración financiera son capacidades tan disímiles entre sí que difícilmente estén presentes en dosis proporcionales en un solo sujeto. Los emprendimientos con mayor potencial tienen equipos emprendedores sólidos, conformados por personas con perfiles complementarios.

Las oportunidades son percepción

Sarasvathy (2008) sostiene que los emprendedores tienden a pensar con una racionalidad de "más vale pájaro en mano que cien volando" y proyectan qué pueden hacer en función de los recursos –sociales, culturales, simbólicos, materiales– con los que cuentan en lo inmediato. El punto de partida de cada emprendedor difiere notablemente de acuerdo con el país o región en que reside, su nivel socioeconómico, su grado de formación, sus vínculos personales y demás factores internos y externos. Contra lo que suele suponerse, estas diferencias no son condicionantes que operan como restricción *a posteriori*, en la fase de evaluación de una determinada oportunidad de negocio. Todo lo contrario: operan *ex ante*, presentando –o no– ante su mirada el inicio de una actividad económica independiente como una opción deseable, y un determinado espacio de oportunidades en las que podría emprender.

A diferencia de lo que afirman tradicionalmente muchos manuales de emprendedorismo que presuponen la existencia de un "mercado" como dato objetivo de la realidad, fuente de todas las oportunidades de negocios, el proceso de detección, evaluación y aprovechamiento de una oportunidad de negocio es altamente creativo y subjetivo: ni la oportunidad de negocio existe *per se*, en el "exterior", ni la tarea del emprendedor es "receptiva" o de mera "detección"; por el contrario, el emprendedor conforma la oportunidad de negocio. No existen oportunidades de negocio "en abstracto": existen emprendedores que, valiéndose de diversas variables de entorno, dan forma a una oportunidad, generan un modelo de negocios y crean una organización para implementarlo. Nos hacemos eco en este punto de las palabras de Shane et al. (2005) cuando afirman:

> Empíricamente, las partes objetiva y subjetiva de la oportunidad son difíciles de separar. Con frecuencia, el mecanismo para aprovechar una oportunidad existe principalmente en la

mente del emprendedor, por lo que la idea del emprendedor acerca de cómo explotar la oportunidad es una interpretación personal de la oportunidad. Es básicamente a esta idea a lo que podemos llamar visión.

Siguiendo esta línea de razonamiento, el espacio de identificación y validación de una oportunidad, y la adquisición de la motivación necesaria para aprovecharla, se da en la intersección entre el entorno y la interioridad del sujeto. Es claro que, por su contenido subjetivo, la visión es fuertemente influida y condicionada por la carencia o por la disponibilidad de recursos, especialmente de recursos culturales y sociales. En el siguiente cuadro ilustramos esa vinculación de los ámbitos subjetivos y objetivos, y establecemos tres espacios de acción:

Fuente: Elaboración propia.

- La *visión*, como espacio creativo en el que el mundo interior del sujeto conforma la realidad, proyectando su 'trasfondo' (*background*) a modo de categorías kantianas que conforman un cuadro exterior percibido de determinada manera.

- La *motivación*, como resultado de la evaluación de deseabilidad y viabilidad que se produce en el interjuego entre las aspiraciones y facultades de la persona y su entorno (definido como demanda potencial de los productos a ofrecer, pero también como recompensas no económicas con otras vías de retorno que brinden satisfacción personal).
- La *transformación*, como incidencia en su entorno en función de las acciones concretas realizadas por el emprendedor para materializar su iniciativa. Retomaremos este punto en capítulos posteriores, entendiéndolo como *impacto* del emprendimiento.

Miles de años de reflexión gnoseológica dan indicios que recientemente constatan las neurociencias: la 'realidad' es una construcción. La cantidad de información que adviene a nuestra consciencia es demasiado grande para asirla en su verdadera extensión. Nuestro cerebro hace un esfuerzo por codificar y ordenar esa 'realidad'. Pero ya sabemos lo que dicen de los traductores... traduttore, traditore. En función de nuestros parámetros, preconceptos, saberes adquiridos y patrones de pensamiento, percibimos una 'realidad'. También obramos en consecuencia con esa realidad, por percepción y por acción construimos la realidad. ¿Por qué iba a ser distinto este mecanismo en relación a la percepción, evaluación y aprovechamiento de oportunidades de negocio?

Subjetividad, acción y oportunidad

Así, en otra vuelta de la espiral, nuevamente nos encontramos con el factor humano en el centro de la escena. Indudablemente es el *zeitgeist* de una época en la que el conocimiento y los cambios tecnológicos impulsan las oportunidades. Pero este análisis recién empieza. Es la punta del iceberg problematizar la conformación de la oportunidad, señalando que no se basa exclusivamente en las variables objetivas y mensurables de la demanda, sino en las personas que la prefiguran, organizan una propuesta de valor y un modelo de negocios, y toman decisiones estratégicas para sostenerla.

Tal como señalamos, en la medida en que surgieron emprendimientos que abrieron nuevos mercados a partir de bienes y servicios creados por emprendedores (especialmente el uso extendido de computadoras a partir de la década de 1980, los servicios a través de internet a partir de la década de 1990, las redes sociales y las *apps* en los *smartphones* en el presente), la importancia de la subjetividad y del capital humano emprendedor se fue magnificando. Definimos 'visión' siguiendo a Shane (2005), pero Isenberg (2013) es también enfático cuando señala que "la oportunidad existe, al menos en parte, en el ojo del que mira".

En el emprendedorismo vinculado a rubros tecnológicos (especialmente en las verticales biotecnología, nanotecnología, robótica, etc.) no es necesario dar a notar la enorme importancia del capital humano, ya que las nuevas empresas basadas en conocimientos son capital intensivas en este aspecto. Sin embargo, no hay que confundir los conocimientos técnicos específicos de una disciplina con las competencias personales que son requeridas para emprender. Un especialista en algún rubro probablemente cuente con las condiciones requeridas para ser un investigador exitoso. Desarrollar un negocio exitoso ligado a sus conocimientos técnico-específicos es harina de otro costal.

Así, si por ejemplo se quiere estimular el surgimiento de Empresas de Base Tecnológica (EBT) –y mucho más en el caso de Empresas de Base Tecnológica Académica (EBTA)–, hay que sortear el déficit de capacidades comerciales y financieras en la constitución de sus equipos emprendedores. Cabe aclarar que no se trata de "formación comercial" o "formación financiera", en términos de conocimientos. Es ciertamente probable que quien realizó un posdoctorado en Biotecnología obtendría con facilidad un grado o un MBA en Administración de Empresas. Sin embargo, las capacidades de negociación y la inclinación al riesgo –dos características personales clave de los emprendedores– no se obtienen mediante la certificación de contenidos conceptuales. Tal como señalábamos, estas capacidades –en términos de habilidades y actitudes– no son un requisito "posterior" a la detección de la oportunidad, sino un requisito genético de ella.

Tal como señala Isenberg (2013), "la posesión previa, o incluso la creencia acerca de la posesión de capacidades relevantes, tiene un importante impacto en la percepción de oportunidades". A partir de esta concepción, su definición de oportunidad de negocio termina siendo una interrelación entre capacidades (variable interna), valores (variable interna) y necesidades del mercado (variable externa).

Capacidades
(recursos, información, habilidades)

Oportunidad

Necesidades del Mercado
(identificadas, anticipadas, creadas)

Valores
(aspiraciones, deseos)

Fuente: Isenberg, 2013.

¿Podemos concluir entonces que las oportunidades son subjetivas? Sí, al menos en un cincuenta por ciento. La viabilidad comercial estará supeditada a la aceptación del mercado, pero el diseño de una forma particular de proponer valor a través de bienes y servicios para los demás estará fuertemente ligada a la forma en que los fundadores entiendan y estén dispuestos a accionar en el mundo. Las trayectorias previas y las 'disposiciones'[4] a actuar de determinado modo serán el cristal a través del cual algunos sujetos, los emprendedores, identifiquen, evalúen y exploten oportunidades de negocio.

Imaginemos a un grupo de especialistas que se aventura a visitar un barrio marginal en una gran ciudad. Son transportados en una suerte de tour local, con un guía que sólo interactúa con el grupo, sin responder preguntas particulares. Todos ven y escuchan lo mismo, pero cada uno según el 'color del cristal de sus antejos': el arquitecto notará estilos y detalles constructivos que los demás visitantes omitirán, el médico descubrirá características físicas de los habitantes y deficiencias en la cobertura sanitaria que pasarán desapercibidas para sus compañeros de viaje, el antropólogo analizará los comportamientos y prestará atención a las manifestaciones culturales particulares del barrio. ¿Y el emprendedor? Estará atento a las necesidades comerciales del entorno, a los servicios desabastecidos, a los bienes que se consiguen en otros lugares, pero no son accesibles en este. La operación es simple: todos traen 'su mundo' (subjetivo) y lo extrapolan a 'este mundo' (el lugar que visitan). ¿Recuerdan la *alertidad* kirzneriana? Se trata de esto. El emprendedor estará prestando especial atención a potenciales oportunidades de negocio, e incluso tendrá cierta ventaja si es un '*outsider*', es decir, alguien que viene 'de afuera' y mira desde otro punto de vista lo que todos están viendo.

---

4 O *habitus*, en términos del sociólogo francés Pierre Bordieu.

Otro factor clave es la observación atenta y proactiva en busca de oportunidades. Una memorable frase de Pablo Picasso señala que 'la inspiración existe, pero tiene que encontrarte trabajando'. Los emprendedores son incansables buscadores de oportunidades y profundos observadores del entorno en busca de tendencias, necesidades, cambios de escenario, nuevos hábitos, tecnologías. En definitiva, siguiendo la nomenclatura del capítulo anterior: tienen un olfato especial para detectar desequilibrios del mercado que puedan aprovechar en su favor.

Para explicitar nuestra posición teórica, debemos señalar que rechazamos la posición 'objetivista' que considera las oportunidades como "entidades preexistentes sujetas a detección por parte del emprendedor"; asumimos en cambio que estas son *producidas*, "son el resultado de una construcción social" (Wood y McKinley, 2010). Siguiendo a Shane et al. (2003), entendemos que las oportunidades "son aspectos del contexto vistos desde una perspectiva determinada" y que las personas inciden proactivamente en ese contexto *creando* oportunidades "a través de sus propias acciones emprendedoras".

Pero a fin de poner coto al subjetivismo, hay que ser enfáticos en algo: existe un abismo entre una idea y una oportunidad de negocio. Asumir la participación activa del sujeto en la generación de la oportunidad no significa soslayar la importancia del espacio de validación. 'Las ideas valen de a centavo por millón', insistía un emprendedor patagónico. En los capítulos finales dedicaremos un apartado especial a las metodologías de validación, uno de los campos que más creció en la última década en el ámbito del emprendedorismo.

Viñas del Nant y Fall

Sergio Rodríguez y Emmanuel, su hijo, son los protagonistas de esta historia en Trevelin, provincia de Chubut. Un claro ejemplo de que el esfuerzo sostenido y sistemático, además de un espíritu emprendedor con capacidad para sobreponerse a los obstáculos, puede arrojar increíbles resultados.

Lograron elaborar vinos de excelente calidad en climas fríos. Rápidamente captaron la atención de críticos internacionales y obtuvieron recomendaciones a las que muchos sólo aspiran. Como si esto fuera poco, y para compensar las largas noches de desvelo ante las posibles (y frecuentes) heladas patagónicas que pueden deteriorar las uvas y arruinar el trabajo de todo un año, alcanzaron la ambiciosa meta de integrar la producción vitivinícola con el turismo nacional e internacional.

El sueño comenzó muchos años antes y empezó a tomar forma en 2010, a partir de la decisión de cambiar de vida y mudarse a la Patagonia. Sergio y Emanuel vendieron sus propiedades en la costa atlántica, y reunieron el capital suficiente como para comprar una chacra de cuatro hectáreas en el paraje Nant y Fall del Valle 16 de Octubre.

Sergio es maestro, tiene espíritu aventurero y una fuerte vocación de servicio, a cada palabra le pone una pizca de didáctica que intriga, conmueve y educa. Es casi imposible no prestarle atención. La vinculación con el turismo estuvo implicada en la génesis de su nuevo proyecto ya que en Mar del Plata supo ser prestador turístico, brindando servicios de alojamiento en un predio rodeado de bosques a diez kilómetros del casco urbano.

Por su parte, Emanuel es Técnico en Acuicultura y Procesamiento Pesquero. Su formación específica también influyó en la generación del nuevo proyecto, pero por encima de la formación acuícola se puso a prueba su habilidad para adquirir y codificar conocimientos prácticos de otros rubros productivos.

"Tuvimos que redescubrir el lugar que compramos e ir imaginando qué perfil productivo le podíamos dar a la chacra. Solamente teníamos en claro algo: que no podíamos dedicarnos a las actividades productivas tradicionales de la zona[5], porque requieren de mucha extensión de tierra, y no la teníamos", dice Sergio.

Las oportunidades de negocios surgen en la confluencia entre factores objetivos –vinculados a las posibilidades materiales, el mercado y el contexto– y a factores subjetivos –vinculados a las características personales, la formación y las aspiraciones de los emprendedores–. El caso de Viñas del Nant y Fall es un claro ejemplo de ese entretejido entre factores objetivos y subjetivos. Antes de 2010, ningún técnico o ingeniero agrónomo de la región se hubiera arriesgado a recomendar la implantación de vides a un productor de la zona. En el Valle 16 de Octubre no había registros climáticos ni antecedentes productivos en este rubro. Tampoco había emprendimientos turísticos orientados al nicho de mercado al que se orientaron los Rodríguez.

Maura, madre de Sergio y activa colaboradora del proyecto, es italiana. Esto lleva a los Rodríguez a viajar a Italia cada uno o dos años. En uno de esos viajes tomaron la decisión de alquilar un *motorhome* para recorrer Europa con la autonomía que permiten estos vehículos –equipados con cocina, baño y dormitorio– a la hora de elegir dónde parar, abastecerse y dormir. En ese viaje descubrieron los servicios específicos que demanda ese tipo de turismo: estacionamiento seguro, agua, electricidad, descarga de efluentes y conexión a internet. En esos viajes también vieron viñedos en los climas fríos del norte de Italia, y visitaron establecimientos que conjugaban la elaboración de vinos con el turismo y la gastronomía local, abriendo las puertas del predio a los turistas y proponiéndoles vivenciar el día a día de un establecimiento vitivinícola de escala familiar.

Una vez que compraron su chacra en Trevelin, durante los dos primeros años tuvieron la ardua tarea de limpiarla de malezas y prepararla para transformarse en un espacio productivo. En la mente inquieta y a su vez contemplativa

---

5   El Valle 16 de Octubre en el que se emplaza el establecimiento es tradicionalmente agroganadero, con producciones de pasturas para la cría extensiva de ganado ovino y bovino.

de estos emprendedores, las experiencias y conocimientos previos se fueron plasmando en cada centímetro del terreno adquirido. Se imaginaron la ladera de la entrada a la chacra implantada con viñas como las que habían visto en Europa. Detectaron que en las localidades cordilleranas de la Patagonia chilena y argentina circulan turistas nacionales e internacionales con sus *motorhomes* y no cuentan con lugares apropiados en Chubut para brindarles los servicios que requieren. A su vez, el enorme pozo en el medio del establecimiento cobró potencial piscícola y se les figuró como una laguna artificial en la que podrían albergar truchas. El rompecabezas se fue armando. La disposición del arroyo Nant y Fall, que recorre quinientos metros por dentro de la chacra trazando una 'L', resultaba ideal para poner en marcha los conocimientos técnicos de Emmanuel.

"Fuimos pensando en turismo, servicios, producciones, paisaje, aprovechamiento de los recursos naturales (que son abundantes en la zona) y en brindar productos preferenciales, buscados y no disponibles en la región. Así fue que comenzamos a tramitar todos los permisos, que fueron muchísimos. Nadie nos enseñó nada. No había un organismo oficial que te indicara todos los pasos para armar, por ejemplo, una piscicultura. Teníamos que golpear en cada oficina y preguntar, tratando de hilvanar las respuestas. En cada oficina te derivaban a otra y uno tenía que tratar de ordenar el rompecabezas que, por momentos, parecía completo y del que, por otros, se nos escondían las piezas", dice Sergio.

Señala, además, que un factor positivo en este derrotero fue la buena predisposición de los referentes de las instituciones visitadas. Todos tenían ganas de colaborar con los emprendedores, pero el proceso burocrático exigía presentar en diversos organismos informes de impacto ambiental, de sustentabilidad económica, obtener permisos para el uso del agua, certificados sanitarios, una habilitación comercial específica, etc. En total, fueron más de veinte trámites y tardaron dos años en terminarlos.

Para buscar información y asesoramiento, recurrieron a la Estación Experimental Agropecuaria de INTA en Esquel[6]. Sin embargo, allí no contaban con especialistas en producción vitícola. Pese a esta situación, mostraron una gran disposición a acompañarlos apelando a la red nacional de profesionales que se encontraban en otras delegaciones del INTA. En ese momento tomaron una decisión estratégica: si no había experiencia previa, irían aprendiendo por ensayo y error, pero no lo harían solos. Junto a otros productores que querían incursionar en la producción vitícola, conformaron un grupo de *Cambio Rural* y contrataron a un Ingeniero Agrónomo y Enólogo que tenía experiencia en producción vitivinícola en el primer viñedo implantado, en la década del noventa, en la localidad de El Hoyo, que se emplaza en el noroeste de la provincia de Chubut.

Con apoyo del Programa se conformó un grupo de productores de Lago Puelo, El Bolsón, Los Cipreses y Trevelin en el grupo que bautizaron *Más Austral*, en alusión a la latitud sur en la que se emplazan las producciones. A esta altura ya se habían convencido de la factibilidad de la producción vitivinícola en la región.

Dado que desde la implantación de vides hasta la obtención de uvas vinificables transcurren entre tres y cinco temporadas, durante los primeros años hicieron camino al andar, probando las variedades que a priori podían adaptarse a climas fríos: *Pinot Noir, Chardonnay, Sauvignon Blanc, Gewürztraminer* y *Riesling*.

El intercambio de experiencias y aprendizajes fue fundamental para acortar los tiempos. Para otros productores que implantaron vides en años posteriores todo fue más fácil, ya que podían valerse del conocimiento desarrollado por los pioneros. Pero el desarrollo era aún incipiente y vinificar, un

---

6   Los valles de Esquel y 16 de octubre son tradicionalmente agroganaderos. Específicamente el Valle 16 de Octubre donde se emplaza Nant y Fall es un valle fértil cordillerano en el que crecen pasturas naturales e implantadas, permitiendo la ganadería bovina y la ganadería ovina en sus regiones más altas. A raíz de este perfil productivo, los profesionales de las delegaciones de INTA en Esquel, Trevelin y Aldea Escolar se centraron principalmente en esas cadenas de valor.

desafío pendiente. Era necesario aprender todo desde cero en ese nuevo eslabón productivo y posicionar a la vitivinicultura como un capítulo productivo en la región.

En la experiencia de los vitivinicultores de Chubut, es destacable cómo lograron suplir el déficit de información y de antecedentes técnicos sobre la producción vitivinícola en la región a través de la implementación de estrategias de aprendizaje horizontal, compartiendo sus avances con los demás productores e intercambiando datos y vínculos para potenciar sinérgicamente sus iniciativas. El caso de Viñas del Nant y Fall también ilustra cómo en la conformación de la oportunidad de negocio se entrelazan factores internos y externos; un diálogo inextricable entre la subjetividad, los recursos bajo control y el mercado potencial.

Ojalá te enamores[7]

'Ojalá te enamores' parece un buen deseo, pero en realidad es una maldición. Tiene raíz árabe o gitana, nadie sabe. Se pierde en las arenas de la doxografía profana. Pero vale la filiación para ambas culturas, que tienen una fuerte tradición vinculada al comercio. Cuando estamos enamorados, nuestra vista se nubla. Nos embobamos. Todo nos parece lindo y bueno. Un estado mental muy poco adecuado para los negocios. La pérdida de objetividad es una verdadera maldición para quien necesita mantener un juicio recto y priorizar la objetividad matemática de los números sobre las pasiones que impiden aprovechar oportunidades y sacar ventaja de situaciones ocasionales. Con ese espíritu fue concebida la frase.

---

[7] ¡Alerta! Este apartado no tiene base empírica alguna. Es una generalización didáctica construida a modo de *tipo social* (en sentido weberiano), en base a una amplia experiencia de trabajo con emprendedores. No pretende dar cuenta de cómo piensan los emprendedores en general, sino de un tipo particular de razonamiento promedio que guía la acción de muchos emprendedores en algunas ocasiones.

Los defensores de la visión pasional del emprendedor se enojarán con nosotros, pero lo cierto es que ninguna pasión empresarial se sostuvo sin ingresos, y para eso hay que ocuparse de hacer fríos cálculos costo/beneficio.

Es innegable, los emprendedores son enamoradizos. Se enamoran de sus productos. Dedican día y noche a mejorarlos. Se encierran con su proyecto y se deleitan optimizándolo según su propio criterio. El proceso se llama *desarrollo de producto*. Y por supuesto, como el producto es un bien amado, quieren que esté perfecto antes de mostrárselo a los demás. También son inconformistas, por lo que nunca está suficientemente bien. Le falta un buen vestido, o maquillaje, o vaya a saber qué detalle en la terminación de la terminación. Si no está perfecto ante su propia vista, mucho menos lo estará ante la vista de los potenciales clientes que, como todos sabemos, son muy exigentes. Por lo que el ciclo vuelve a comenzar cuando parecía que todo estaba a punto para el lanzamiento. Hay que ajustar una nueva versión. El número… ya perdimos la cuenta.

Por la misma razón los buenos productores suelen ser malos vendedores. Les cuesta ofrecer sus propios productos por temor a que les digan que no quieren comprárselos. En tal caso, no lo sienten como un simple rechazo a su producto, lo sienten como si los rechazaran a ellos. Es como un 'no' a una propuesta matrimonial. Y, en realidad, cada 'no' bien interpretado es una invaluable devolución para mejorar, para hacer un alto en el camino y volver a arrancar.

Otro reflejo natural del enamoramiento es pensar que no hay nada igual al objeto amado. Nada se le compara. Y al estar enamorados de su producto, lo consideran único. No hay otro similar. Y claramente, por esto, la competencia no es importante ya que su oferta no tiene punto de comparación. Siempre es claramente inferior. No hay competencia directa ni productos sustitutos.

Cualquier semejanza con la realidad no es pura coincidencia. Es un lugar común en el que muchos emprendedores se encierran, perdiendo un tiempo invaluable para obtener retroalimentación del mercado. Una célebre frase de Reid Hoffman les advierte: "si no estás avergonzado por la primera versión de tu producto es porque probablemente lo lanzaste demasiado tarde". Y –ya lo dijimos– llegar demasiado tarde a un mercado es tan malo como llegar demasiado temprano.

En realidad, Hoffman apunta a la velocidad y al aprendizaje. En mercados ultra dinámicos, como los actuales, un retraso en el lanzamiento puede significar que cuando lances tu marca de pantalones, todo el mundo ya esté usando bermudas. Pero también significa que no te diste la oportunidad de saber qué tipo de pantalones querían tus clientes, mostrándoles tus diseños, aceptando sus apreciaciones y mejorando las versiones posteriores. Tal vez el color estaba muy bien para tu propio gusto. El corte era adecuado desde tu punto de vista. Pero pensar que los clientes sienten, piensan y elijen lo mismo que vos elegirías es una extrapolación lógicamente inválida.

Dicho así, suena muy razonable: tengo que involucrar a los potenciales clientes en el diseño de lo que quiero venderles. Tan simple como eso. Después de todo, hasta hay potentes propuestas metodológicas provenientes del ámbito del diseño. Pensamiento de Diseño (*Design Thinking*) y Diseño Centrado en el Usuario (*User Centered Design*) son prueba de ello, pero lo difícil no es convencerse intelectualmente de la pertinencia de 'abrir' el proceso de diseño, sino vencer el instinto de cerrarlo. Los miedos son muchos. En algunos casos subyace el temor a que roben la idea o copien el prototipo, pero en la mayoría de los casos es miedo al rechazo. Y es que ya dijimos que era enamoramiento, y cuando estamos enamorados, si alguien dice que lo que amamos no es bueno, sentimos que está atacando una parte de nosotros. Un instinto visceral nos indica que tenemos que defenderlo y de esa forma hacer valer todas las horas que dedicamos a diseñarlo y que estuvimos encerrados en nuestro taller para optimizarlo. El mismo instinto nos dice que debemos mostrárselo sólo a las pocas personas que puedan valorarlo tanto como nosotros lo valoramos, y retroalimentar el enamoramiento filtrando exclusivamente las buenas opiniones. Esto es sano para el corazón, pero nada positivo para los negocios, ya que en vencer ese instinto negativo se juegan, las más de las veces, las chances de éxito del proyecto. Corregir tempranamente el curso de acción implica menores costos y mayores beneficios. Siempre. Entender tarde cómo se vincula el producto con el mercado puede significar quedar fuera de él. Por eso, insistimos, una pizca de pasión le pone sazón y tesón a lo que queremos hacer, mientras que un enamoramiento a ciegas nos lleva a diseñar productos que pueden estar muy lejos de lo que busca el cliente y a defender lo indefendible.

Con una sagacidad premonitoria, Sarasvathy (2001) propone el paradigma efectual para "reducir los costos del fracaso permitiendo que la falla ocurra temprano y a menores niveles de inversión", pero fue Steve Blank (2007) quien popularizó un método para sistematizar el aprendizaje a partir del cliente, e inauguró una nueva etapa en las metodologías de desarrollo emprendedor. Advenía un mundo *agile* con herramientas centradas en el diseño y testeo veloz, que suplantarían las tradicionales herramientas que provenían del mundo PyME, centradas en procesos narrativos (de planes de negocio) y flujos de fondos proyectados (útiles para mercados y productos conocidos, pero cargados de supuestos incontrastables para nuevos productos y mercados).

La propuesta de Blank (2007) es simple: así como se insume un enorme esfuerzo y energía en el desarrollo de productos, es necesario instrumentar un proceso paralelo y sinérgico de *desarrollo de clientes*. De hecho, así se denomina su metodología. En inglés, *customer development*. Para evitar desarrollar productos que nadie quiere ni está esperando, hay que invertir tiempo y energía en descubrir quién es el cliente, qué necesita y si nuestra propuesta efectivamente está alineada a sus pretensiones. Sólo tiene sentido desarrollar los productos –sean bienes, sean servicios– que respondan a verdaderos problemas, necesidades y deseos de una base de clientes suficientemente grande como para tornar sustentable un modelo de negocios y compensar la inversión. Desarrollar productos que únicamente nos conformen a nosotros mismos puede ser un buen hobby, pero nunca un buen negocio. El ciclo de *desarrollo de clientes* que se expone en la siguiente imagen supone un espiral de aprendizaje en el que se interactúa con el proceso paralelo de *desarrollo de productos*.

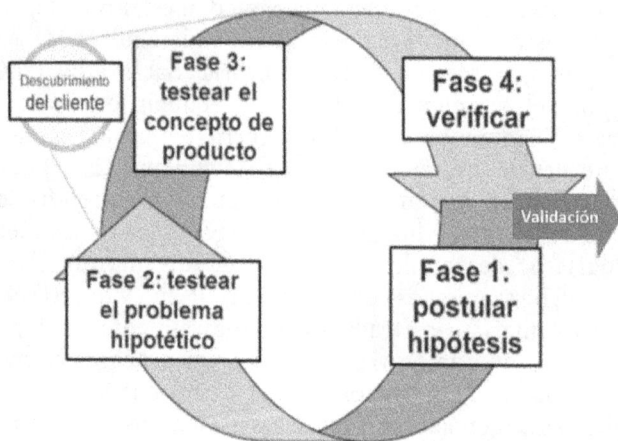

Fuente: Blank, 2017.

Problema. Hipótesis. Concepto. Producto. Testeo. La receta es experimental, y sólo es aplicable si somos capaces de hacer un giro de ciento ochenta grados. Una frase de cabecera del fundador de la aplicación *Wazereza*: 'enamórate del problema, no de la solución'. La fórmula no es menos amor. Sólo es cuestión de cambiar su foco. Un mismo problema puede tener múltiples soluciones. Tantas como emprendedores puedan proponer desde sus particulares puntos de vista. Pero sólo algunas de ellas se ajustarán a las expectativas de la mayoría y tendrán éxito en el mercado. La mejor estrategia es, entonces, maximizar el aprendizaje al menor costo posible.

Así lo conceptualizó Eric Ries (2011), con su revolucionaria metodología de *lean startup*. Para terminar de encausar la pasión, propone que el emprendedor adquiera una mentalidad científica. A la afirmación del emprendedor: 'los clientes adorarán mi producto', le retrucará: '¿qué evidencia comprobable tienes de ello?'. Y como respuesta quiere datos, no suposiciones.

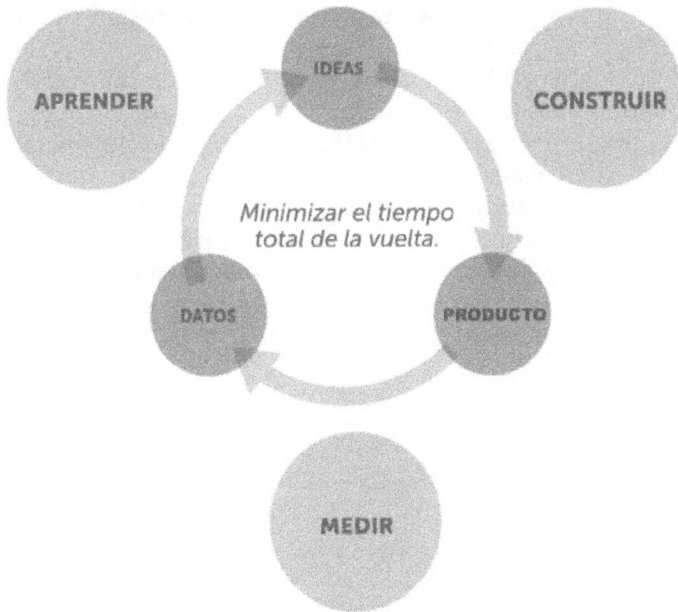

Minimizar el tiempo total de la vuelta.

Fuente: Ries, 2011.

Como las ideas valen de a centavo por millón, hay que zarandearlas. Ver cuáles tienen potencial. Tomarlas sólo como hipótesis. Y para eso hay que construir algo que permita comunicarlas. Un producto. Pero no un producto 'producto'. Tan sólo un 'producto mínimo viable'[8], algo que permita contrastar la hipótesis y ver si se ajusta a las pretensiones de los clientes. Pero no basta con preguntarles a dos o a tres. Ni siquiera a cien o a mil, si no se ajustan a una *muestra* estadística extrapolable al tamaño del mercado. Los datos tienen que ser cuidadosamente construidos, con la objetividad con que los obtiene el científico en su laboratorio. Sólo de datos ciertos puede obtenerse aprendizaje validado, y cimentar en dicho aprendizaje las nuevas ideas, para generar nuevos productos testeables. Como habrán notado, el camino es circular. Una rueda. Y cuanto más rápido gire, mejor. Se maximiza el aprendizaje y se minimizan los recursos insumidos para obtenerlo.

Si Karl Popper estuviera vivo pediría que le reconocieran su autoría porque *lean startup* es falsacionismo en estado puro[9], sólo que Ries lo llamó 'ciclo de aprendizaje validado'. Aunque tal vez se parece más al *programa de investigación* de Imre Lakatos, porque en el mar de hipótesis testeables y descartables hay un núcleo duro que no cambia y debe ser resguardado: la visión. Eso que guía y le da sentido a la propuesta última de los emprendedores. En buena medida, lo que los motiva a emprender.

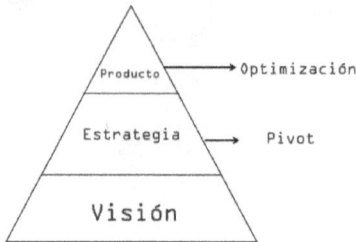

Fuente: Ries, 2011.

---

8   En inglés, *minimum viable product* o MVP.
9   En realidad, técnicamente se inscribiría en lo que Gregorio Klimovsky (2001) define como 'método hipotético inductivo', en la medida en que la corroboración en fenómenos sociales se basa en inferencias probabilísticas debido a que el campo de estudio está sujeto a cambios frecuentes en los comportamientos.

Los productos se optimizan. Las estrategias se cambian. Pero la visión se mantiene, sosteniendo todo lo demás. Transformemos la maldición en buenos deseos: Ojalá te enamores... del problema y de la visión.

3

Millonarios en un día

Todavía hay quien piensa que es cuestión de tener *la* idea mágica y volverse millonario en el mismo acto. Eso puede aplicar a quien compra un billete de lotería y juega en su favor la probabilidad de uno en diez millones, pero es un fenómeno que difícilmente se verifica en el mundo emprendedor. Los relatos de emprendedores exitosos están cargados de enormes dosis de esfuerzo, persistencia, resiliencia y sacrificios personales, unidos a satisfacciones y sensaciones de logro. Y, claramente, no hay historias resueltas de la noche a la mañana.

Detrás del emprendimiento, siempre hay un proceso. De hecho, eso subyace en la definición de 'emprendedorismo' que adoptamos, siguiendo a Shane y Venkataraman (2000), cuando señalábamos que nos referíamos al modo en que las "oportunidades de crear futuros bienes y servicios son descubiertas, evaluadas y explotadas". Para evitar la reificación de las oportunidades evitamos la palabra *descubrimiento*, y demarcamos tres momentos diferenciados: el de *conformación* de la oportunidad, el de *evaluación* de la oportunidad, y el de la *explotación* de ella. Debe notarse que sólo en el tercer momento podemos hablar de una empresa creada, por lo que rápidamente nos vemos obligados a concluir que el proceso emprendedor comienza mucho antes de la fundación del emprendimiento.

Diversos autores conceptualizan el proceso emprendedor, con miradas complementarias sobre las principales fases y los hitos que caracterizan a cada una de ellas. Veciana (2005) identifica cuatro grandes etapas consecutivas:

1. Gestación,
2. Creación,
3. Lanzamiento,
4. Consolidación.

En el siguiente gráfico, caracteriza cada una de las etapas propuestas.

PROCESO DE CREACIÓN DE UNA EMPRESA			
Tiempo			
3-12 meses		2-3 años	
Fase 1: Gestación	Fase 2: Creación	Fase 3: Lanzamiento	Fase 4: Consolidación
Infancia	Búsqueda e identificación de una oportunidad empresarial	Creación de equipo	Sucumbir o vencer
Antecedentes y preparación profesional		Adquisición y organización de los medios	Deshacerse de socios «indeseables»
Organización incubadora	Configuración del proyecto empresarial	Desarrollo del producto/servicio	Por fin «todo bajo control»
Suceso disparador/ deterioro del rol	Creación de una red de relaciones	Búsqueda de financiación	
Decisión de crear una empresa propia	Evaluación del plan de empresa	Lanzamiento del producto/servicio	
	Creación formal de la empresa		

Fuente: Veciana, 2005.

Si bien el autor le asigna un periodo temporal a cada fase, es necesario aclarar que las etapas no son compartimentos estancos ni responden inevitablemente a una periodización estereotipada. El dinamismo del equipo emprendedor y las características de la industria en la que se inserte la nueva empresa serán grandes determinantes de la velocidad con la que se transite el proceso emprendedor.

Por su parte, Kantis et al. (2004) conceptualizan el proceso emprendedor en tres etapas sucesivas: la gestación, la puesta en marcha y el desarrollo inicial de una empresa. A cada etapa corresponden, a su vez, distintos subprocesos relacionados con esa instancia: a la etapa de gestación corresponden la identificación de la oportunidad de negocio, la motivación y la adquisición de competencias;

a la etapa de puesta en marcha (o *startup*) corresponden la estructuración del proyecto, la movilización de recursos y la decisión final de emprender; a la etapa del desarrollo inicial del emprendimiento corresponden la entrada al mercado y el desarrollo inicial del emprendimiento.

Fuente: Kantis et al., 2004.

Tal como pueden intuir a partir del enfoque del proceso emprendedor y de la tipificación de las fases de gestación, puesta en marcha y desarrollo inicial de un emprendimiento, las necesidades del equipo emprendedor van modificándose sustancialmente en la medida en que avanza de fase en fase.

En la etapa de gestación, la prioridad de los emprendedores está centrada en la identificación, conformación y validación de la oportunidad de negocio, en la evaluación de alternativas (en términos de deseabilidad y viabilidad) y en la adquisición o fortalecimiento de conocimientos, habilidades y actitudes que le permitan involucrarse en el negocio.

En la etapa de puesta en marcha, los emprendedores concentran su energía en el acceso y en la reorganización de los recursos necesarios para iniciar el negocio (capital financiero, vínculos, información, etc.). También es un proceso interno en el que el equipo emprendedor toma la decisión final de lanzarse al proyecto.

En la etapa de desarrollo inicial de la empresa, los emprendedores literalmente cambian de trabajo: mientras que hasta ese momento su energía estaba puesta en conseguir apoyos institucionales, financieros y aliados estratégicos para la puesta en marcha, a partir del primer día en que el emprendimiento abre sus puertas al público, sus principales problemas estarán relacionados con la gestión del abastecimiento, de la producción, de la administración, del contacto con nuevos clientes y del incremento de las ventas. Pusieron a andar una máquina que ahora les impone su propia dinámica y tienen que aprender a conducirla.

En presentaciones recientes, los autores mencionados incorporaron una cuarta etapa, la de crecimiento, caracterizada por el escalamiento del modelo de negocios que impulsan los emprendimientos de mayor dinamismo. En dicha fase se ponen a prueba las capacidades del equipo gerencial y resulta crítica la gestión de recursos humanos para consolidar equipos de trabajo que estén a la altura de los nuevos desafíos que enfrenta la organización al incrementar o intensificar sus procesos productivos, administrativos y comerciales. Escalamiento, profesionalización y especialización de funciones son las claves para sortear las crisis que la expansión del negocio trae aparejadas.

Debe notarse que la conceptualización del proceso es una abstracción que aplica a cualquier rubro de emprendimientos, y que puede aplicarse tanto a un emprendimiento centrado en *blockchain* como a la apertura de una panadería. Dependiendo del rubro y del modelo de negocios que va a instrumentar el equipo emprendedor, cambian los requerimientos de recursos, conocimientos, habilidades y vinculaciones necesarias. Algunos emprendimientos serán conocimiento-intensivos, otros serán capital-intensivos, mientras que otros serán intensivos en mano de obra. Algunos deberán iniciar con determinada escala e integrar procesos, mientras que a otros les resultará estratégico tener estructuras flexibles y tercerizarán algunos eslabones. Algunos surgirán a partir de oportunidades generadas por marcos regulatorios y otros deberán sortear barreras a la entrada debido al marco regulatorio de la actividad. Pero más allá de la diversidad, podrán reconocerse en el ciclo de vida inicial de cada uno de ellos las diversas

etapas del proceso emprendedor. Es importante reconocer la etapa que está atravesando el emprendedor a fin de
identificar con mayor precisión qué necesidades deben ser
satisfechas en ese periodo.

Una organización temporal

De la mano del proceso emprendedor, incorporamos la
variable *tiempo* al desarrollo de una nueva empresa. Sin
embargo, es necesario problematizar la relación entre
ambas variables –*tiempo* y *desarrollo*– en la medida en que
algunos errores de interpretación vinculados a estos conceptos afectan la comprensión del fenómeno emprendedor.

En primer lugar, cabe señalar que en el imaginario de
nuestra región persiste un malentendido generalizado que
confunde emprendimiento con microempresa o, incluso,
con actividades económicas informales o de subsistencia.
El uso de la palabra 'microemprendimiento' en diversos
programas de promoción social fortaleció, sin dudas, esta
asociación.

Para contribuir al desarrollo emprendedor, es necesario brindar claridad a este respecto y señalar que un
emprendimiento es una organización temporal: cumplidos
los primeros años desde su fundación, el emprendimiento
se convierte en empresa, sea de la escala que esta sea.

Variable *tiempo*

Técnicamente, 'emprendimiento' aplica a una empresa desde su fundación hasta los primeros años de vida, aunque
ya notamos que el proceso emprendedor abarca un periodo mayor, incluyendo las etapas previas a creación formal
de la nueva organización. La literatura especializada, los
programas de desarrollo emprendedor y hasta las líneas de
financiamiento dirigidas a nuevas empresas oscilan en considerar *emprendimiento* a los primeros dos a cuatro años de

una empresa, contados a partir desde su formalización (por ejemplo: desde la obtención de la habilitación comercial, desde la emisión de la primera factura, etc.). A partir de la sanción de la Ley Nacional N° 27.349 de Apoyo al Capital Emprendedor, en Argentina se establece formalmente la duración de un emprendimiento, incluyendo en dicha categoría a nuevas personas jurídicas "cuya fecha de constitución no exceda los siete (7) años."

No obstante, muchos empresarios continúan llamándose a sí mismos emprendedores, en la medida en que buscan asociarse a los valores de proactividad, iniciativa e innovación que los caracterizan. Llevar la dinámica *efectual* del emprendedor a una empresa en marcha puede resultar nocivo porque la siguiente fase requiere el predominio de otra racionalidad (la *causal*) para consolidar la organización y orientar los medios disponibles a objetivos estratégicos preestablecidos. Sin embargo, dado que las racionalidades *efectual* y *causal* no son excluyentes sino sinérgicas, y que la mística del emprendedor opera en algunos empresarios mucho tiempo después de creada la empresa, es común que se remitan a los principios que los llevaron al estadio actual y que los valoren en tanto les permite una particular apertura a la innovación, adecuación y reinvención permanente.

Variable *desarrollo*

En el siguiente gráfico visualizamos una estilizada versión del proceso emprendedor (recuadro) cruzando las dos variables: tiempo (eje de abscisas) y desarrollo (eje de ordenadas), identificando los principales hitos de cada etapa en función del avance tiempo/desarrollo del proyecto. El origen de coordenadas representa, a su vez, la formalización de la nueva empresa: el día en que se obtiene la habilitación comercial, la persona jurídica del emprendimiento o, simplemente, el día en que se abren las puertas al público.

Proceso emprendedor

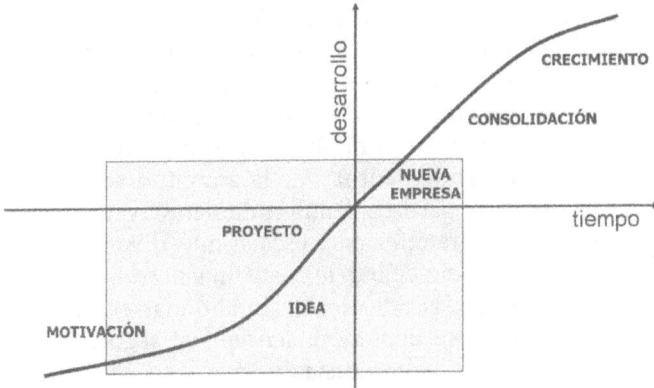

Fuente: Presentación del Programa Jóvenes Emprendedores Rurales, 2015.

Una primera consideración a tener en cuenta es que el proceso emprendedor es mucho más iterativo y menos lineal que el representado en la anterior imagen. Se parece mucho más al proceso de diseño e implementación de modelos de negocio que se utiliza en las propuestas de 'pensamiento de diseño' (o *design thinking*):

Por otra parte, la curva ascendente da cierta sensación de que el crecimiento empresarial es una proyección inevitable. En la práctica, esto no es así. Muy por el contrario, la escala del emprendimiento es una definición empresarial vinculada tanto a factores internos (decisiones y disposiciones del equipo emprendedor) como a factores externos (receptividad del mercado y dinámica de la industria en que se inserta el emprendimiento). Por la amplitud semántica de los términos, las palabras 'emprendimiento' y 'empresa' pueden utilizarse para referirse a escalas muy diversas: desde un pequeño negocio de barrio hasta un *unicornio*[10].

Para diferenciarlas por escala, sin ahondar en la polisemia del término, se denomina *startup*[11] al segmento de nuevas empresas que, a diferencia de otras, tienen potencial de escalar. Uno de los padres de las denominadas *metodologías ágiles* cuya propuesta abordaremos en posteriores capítulos, Steve Blank (2012), aclara que una *startup* "no es una versión más pequeña de una gran compañía", sino una "organización temporal en busca de un modelo de negocios escalable, repetible, y rentable". Siguiendo esta línea de razonamiento, la diferencia principal entre un emprendimiento y una empresa no radica en su tamaño, sino en que el emprendimiento está 'buscando' su modelo de negocios, mientras que la empresa está 'ejecutando' un modelo de negocios validado. La diferencia es heurística. En el ámbito del emprendimiento preponderan el riesgo y la incertidumbre. La mayor tasa de mortandad de empresas se da en los

---

[10] En las metáforas zoológicas para clasificar empresas, se utiliza la denominación *unicornio* para referirse a las empresas valuadas en más de mil millones de dólares.

[11] La traducción literal del término *startup* es 'puesta en marcha', por lo que podría aplicarse a cualquier emprendimiento en la fase de lanzamiento. Sin embargo, en la literatura especializada y en los ámbitos de divulgación en español, la palabra fue adquiriendo el sentido semántico que se indica, coincidente con el uso que se le da al término en el inglés original.

primeros años, en los casos en que la nueva organización se queda sin recursos antes de validar su modelo de negocios (cfr. Maurya, 2010, p. 5).

En los círculos técnicos, es frecuente escuchar que las empresas fracasan por déficit de planificación. En contextos de incertidumbre, la planificación no resulta un recurso ni viable ni económico. En términos de Blank (2012), "ningún plan de negocios sobrevive el primer contacto con los clientes". La filosofía *lean* propone acelerar la curva de aprendizaje, que se maximiza en el momento de lanzamiento del producto, a través del contacto del producto con el cliente. Si bien las alternativas *agile* son altamente efectivas en mercados dinámicos y las técnicas tradicionales de planificación son recomendadas para mercados más estables, el enfoque *lean* nos sirve para introducir la racionalidad de 'ir por las cosas' que caracteriza a los emprendedores, y que conforma la cultura organizacional de una *startup*, pero puede transformarse en una traba para la consolidación de la nueva empresa. Las fases de puesta en marcha y de consolidación son tan diferentes entre sí que requieren capacidades muy distintas. Los principales obstáculos para el crecimiento organizacional radican, a menudo, en arrastrar a la etapa empresarial comportamientos que resultaron útiles en las etapas iniciales, pero que ya no lo son cuando la conducción de la organización requiere facultades gerenciales.

Racionalidades que intervienen en el proceso emprendedor

Tras una investigación empírica comparativa en la que contrastó la manera en que enfrentaban y resolvían situaciones los emprendedores principiantes y los emprendedores expertos, Saras Sarasvathy (2001, 2008) propuso un paradigma denominado *efectuación* (*effectuation*), mediante el que explicita la diferencia entre el pensamiento característico de quienes atraviesan las etapas iniciales del desarrollo emprendedor y el razonamiento gerencial (característico de quienes conducen empresas en marcha, al que denominará pensamiento *causal* o *predictivo*).

En una descripción genérica y propedéutica, podemos señalar que el pensamiento causal parte de un objetivo predeterminado y de un conjunto de medios disponibles para alcanzarlos. Busca identificar la forma más fácil, eficiente y eficaz de cumplir el objetivo. Las decisiones gerenciales asumen predominantemente este formato cuando evalúan si conviene integrar o tercerizar determinado proceso productivo, elegir el mercado meta con mayor rentabilidad potencial o contratar al mejor profesional para un trabajo determinado.

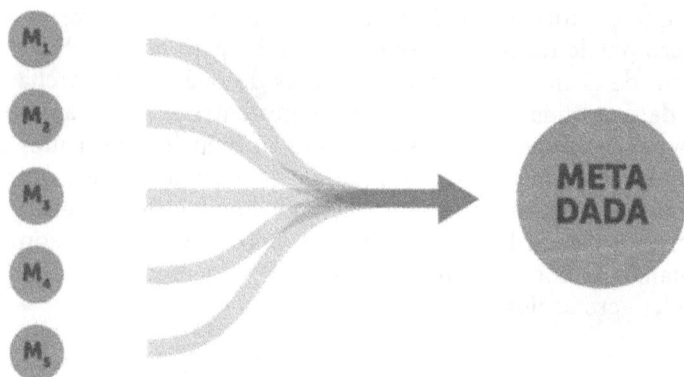

Racionalidad causal, asociada a lo imprevisible, al riesgo, a la orientación a acción y a los resultados. Fuente: Sarasvathy, 2001.

Una variante creativa del pensamiento causal es el pensamiento estratégico, que propone alternativas adicionales para alcanzar el objetivo predeterminado, o incluso un conjunto de objetivos alternativos o externalidades positivas del objetivo general.

El pensamiento efectual, sin embargo, no parte de un objetivo específico. Por el contrario –y contradiciendo la lógica de todos los manuales de gestión PyME– parte de un conjunto de medios y recursos disponibles, y en su proyección está abierto a objetivos alternativos y contingentes.

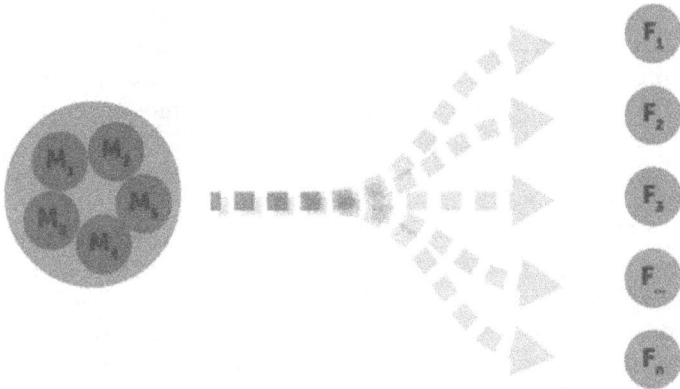

Racionalidad efectual, asociada a la previsión, a la planificación, a la proyección y al cálculo. Fuente: Sarasvathy, 2001.

Una metáfora culinaria que se utiliza para comparar ambos tipos de racionalidades propone distinguir el pensamiento de un *chef*, que tiene en mente el menú que quiere cocinar y compra todos los ingredientes necesarios para que el plato salga tal como lo establece su receta, versus la situación que experimentamos cuando cocinamos en función de lo que tenemos disponible en la alacena y en la heladera, diseñando un menú a partir de ello. La segunda variante es la que mayoritariamente utilizan los emprendedores, en tanto *bootstrappers* que buscan crear y sorprender a sus clientes con nuevos platos en base a los ingredientes que tienen a la mano, y esto no supone que hacen algo de menor calidad. Por el contrario: recordando la propuesta de Isenberg (2013), en la medida en que 'filtran' y conforman la oportunidad de negocio a partir de los recursos que pueden activar en lo inmediato, utilizan sus conocimientos y redes para innovar; siguiendo la metáfora gastronómica: a partir de sus recursos pueden sacar platos que no se le hubieran ocurrido al chef profesional y que pueden potencialmente revolucionar el mercado gastronómico.

Si bien el enfoque efectual se centra en la racionalidad de emprendedores expertos –y teniendo en cuenta que la autora aclara insistentemente que no se trata de racionalidades excluyentes, sino predominantes en determinadas etapas del proceso emprendedor–, podemos hacer una generalización didáctica para introducir el pensamiento efectual y reconocer sus patrones, a través de los principios que exponemos a continuación:

El punto de partida: Siguiendo la racionalidad del viejo refrán que reza "más vale pájaro en mano que cien volando", y teniendo en cuenta que los emprendedores *conforman* la oportunidad de negocios en función de los recursos (materiales, culturales, sociales) que disponen o pueden activar de forma inmediata, Sarasvathy (2001, 2008) reconoce que los emprendedores parten de lo que son, de lo que saben y de sus contactos y redes interpersonales. A su vez, están abiertos a diversos fines posibles, que imaginan en función de sus múltiples, y a veces contradictorias, aspiraciones y expectativas.

Cerveza Artesanal La 40

En febrero de 2008, Nicolás Lencina y Darío Saavedra gerenciaban un aserradero en la localidad de Epuyén, provincia de Chubut. En la búsqueda de nuevas alternativas productivas, evaluaron la posibilidad de utilizar el aserrín que generaban diversos aserraderos de la región para fabricar y comercializar briquetas. Se vincularon con un programa de desarrollo emprendedor y tras hacer algunos cálculos económicos llegaron a la conclusión de que el proyecto no resultaría rentable. Sin embargo, la motivación de emprender nuevos proyectos persistía. Algunos años antes, Darío había fabricado cerveza artesanal con su hermano, y empezaron a pensar que podían aprovechar ese *know how* para iniciar una cervecería artesanal, a pesar de que no contaban con el capital para hacerlo. Creyeron que una alternativa era capitalizarse iniciando un emprendimiento sinérgico con la cervecería y se imaginaron montando un restobar en un local que estaba estratégicamente ubicado en una ruta turística que lograron alquilar gracias al contacto con el dueño, un inversor turístico extralocal, que hicieron a través de una familia amiga. Hoy dejaron el restobar para dedicarse full time a la cervecería La 40.

1. *Principio de la "pérdida tolerable"*. Mientras que los gerentes analizan el mercado con estrategias de segmentación vertical para identificar los segmentos y nichos con mayor retorno potencial, los emprendedores tratan de encontrar vías de inserción en el mercado con el mínimo gasto de recursos (de tiempo, esfuerzo y dinero) posible. Asumen que, a la hora de emprender, los riesgos son inevitables. Saben que el éxito podrá reportarles una merecida recompensa, pero en vez de centrarse en el beneficio potencial evalúan cuánto estarán dispuestos a perder si no logran obtenerlo, y buscan maximizar el aprendizaje a partir de clientes directos, a la vez que rechazan las investigaciones de mercado tradicionales.

2. *Principio de las "asociaciones estratégicas"*. Para completar un cuadro de racionalidad que horroriza a los técnicos, los emprendedores expertos también minimizan el análisis de la competencia. Están más concentrados en lo que ellos pueden hacer que en lo que están haciendo los demás, porque confían en que su propuesta generará un valor diferencial y están dispuestos a codiseñarlas con sus clientes potenciales. En consonancia con el punto anterior, la forma de penetrar en el mercado y maximizar el aprendizaje a bajo costo es desarrollando potentes alianzas estratégicas, como una "colcha loca" que se va confeccionando sobre la marcha, en función de los retazos de tela que van consiguiendo, en la medida en que un contacto los vincula con otro contacto y ese, a su vez, con un nuevo contacto, en un camino de alianzas fértiles y expansivas.

Buena Vibra

Georgina Elustondo es periodista. Trabajó más de veinte años en el *Multimedios Clarín*. Empezó 'desde abajo', copiando cables y haciendo tareas menores en diversos sectores. Pasó a formar parte de la revista *Viva*, que se entrega con la edición dominical del diario, y luego le fue encomendado fundar los sitios digitales *Entremujeres* y *Bien casero*.

A pesar de la tranquilidad que le generaba el trabajo en relación de dependencia, ella sentía que tenía que vincularse con nuevos mundos en los que el desarrollo personal estuviera de la mano del desarrollo profesional. Espacios de trabajo en los que se antepusieran el talento, el compromiso y la calidad humana. Quería generar una iniciativa diferente a la de los medios de comunicación tradicionales, porque, desde su perspectiva, todo indicaba que no había posibilidad de transformación en ellos. Su esquema organizacional, su dinámica de trabajo y una propuesta informativa estereotipada oficiaban como un repelente a los cambios e impedían potenciar las nuevas tendencias.

Georgina quería compartir informaciones que hacen bien, contar buenas noticias y correrse de la agenda de lo coyuntural. Así, y contradiciendo la tradicional recomendación de separar la familia del trabajo, decidió armar un equipo con dos personas de su extrema confianza: su mamá y su cuñado.

Hebe Costa, madre de Georgina, tenía una gran experiencia en viajes y turismo. Federico Argento, el cuñado, estudió Comunicación Social y trabajó en medios de comunicación en la ciudad de Rosario antes de descubrir que ser arquitecto era su verdadera vocación. Lo que la emprendedora vislumbraba era la carencia de medios digitales especializados en temáticas de bienestar, de salud, de buenas noticias, de autocuidado, de viajes, etc. Esa era su oportunidad. A pesar de que son tendencia en España, en toda Latinoamérica –con la excepción de México– no había desarrollos integrados alrededor de ese tipo de propuestas.

Las nuevas tecnologías irrumpieron en la comunicación digital presentando nuevas oportunidades y nuevos modelos de negocios. Utilizando esas herramientas, Buena Vibra buscó modificar las prácticas de los medios tradicionales que sus fundadores habían percibido como negativas cuando trabajaban en ellos. Sobre la filosofía que los impulsa, Argento señala: "Entendemos que los medios son negocios, también para nosotros, pero consideramos que no son sólo eso". Los medios tradicionales son, según él, "estructuras verticales, dogmáticas, con preceptos antiguos y con poca aceptación de un mundo completamente nuevo".

Puesta en términos competitivos, la escala de Buena Vibra era poco menos que insignificante al lado de la enorme estructura de los medios consolidados. A pesar de lo discutible de la idea de los emprendimientos de garage, el inicio de Buena Vibra se acerca bastante al mito: "El paso de la idea a la acción fue inmediato. Entendimos que en una primera instancia no perderíamos dinero y que lo único que poníamos en riesgo eran nuestras horas de trabajo", insiste Federico.

La perspectiva de crecimiento estuvo ligada a la profesionalización de las funciones y a la vinculación institucional con organizaciones especializadas en potenciar el crecimiento de nuevas empresas.

Con el norte claro y en la medida en que se incrementaba la repercusión de Buena Vibra, los emprendedores asumieron que les faltaban nuevos talentos, vinculados principalmente con el desarrollo web, el diseño y la gestión de la comunidad *on line* o *community managment*. La conformación de un equipo de trabajo ampliado, requerido por la nueva dimensión de la empresa, fue una señal del crecimiento. Se contactaron con diversas personas y evaluaron sus aptitudes, hasta que finalmente encontraron al perfil indicado. A mediados de 2015 se sumó Ignacio Prado, quien actualmente se encarga del desarrollo de producto y del contacto con los clientes.

"Necesitábamos alguien que trabajara como nosotros, no por un sueldo sino por las ganas de emprender, de iniciar algo propio", señala Federico.

El emprendimiento no alcanzaba aún su punto de equilibrio y no podían pagar sueldos, por lo que la estrategia consistió en sumar socios. Con un porcentaje de las acciones se incorporó Ignacio. Su incorporación fue clave para migrar de Facebook a un blog y luego al actual sitio web.

Durante los primeros años hubo una búsqueda deliberada y proactiva de contactos. A partir del capital social de Georgina llegaron a contactarse con Endeavor[12], y a través de los vínculos que desarrollaron en Endeavor se vincularon con Marcos Galperín, fundador de *Mercadolibre*, un referente cuya influencia fue decisiva para valuar la nueva empresa.

La red de Endeavor les permitió vincularse con emprendedores y especialistas. "La experiencia de Endeavor es fascinante. Todos están tratando de sumar", destacan los emprendedores.

"Endeavor lo que hace es nuclear. Primero con charlas, estás escuchando, estás participando, estás activo en la interpretación. Después de las charlas, tenés momentos de interacción entre los emprendedores. Después tenés un momento en el que te cruzás con probables inversores. En muchos casos eso sólo sirve –nada más ni nada menos– para que entiendas que lo estás contando está mal, o que lo que estás contando tiene que tener otro valor. Sirve para que te replantees tu laburo y tu forma de mostrarlo", dice Federico.

De la mano del capital social vino el capital financiero y se abrieron nuevas oportunidades de negocio: "Buena Vibra entró en su punto de equilibrio a partir de la primera inversión que tuvimos. Esa inversión privada nos permitió una capitalización financiera a cambio de acciones, y a partir de ella Buena Vibra se estableció y creció", comentan.

Pero lo cierto es que el aporte fue mucho más importante que el mero ingreso de capital financiero. Dado que la inversión surgió a partir del contacto con Marcos Galperín, además de capitalización, esta relación les abrió la posibilidad de trabajar para *Mercadolibre*. Así generaron una segunda unidad de negocios orientada a la generación de contenidos para terceros: el Blog de *Mercadolibre*, *Mercadoideas*, es una propuesta de la firma multinacional con contenido generado por Buena Vibra.

En pocos años fue notorio el proceso de maduración del equipo emprendedor. En el caso de Buena Vibra, puede identificarse la importancia del capital social como un activo

---

[12] https://goo.gl/nyWqaV

diferencial del emprendimiento. Las redes empresariales y las redes estratégicas permiten acceder a instituciones, a capital financiero y a oportunidades de mercado.

3. *Principio de "apalancamiento a partir de contingencias"*. Una buena metáfora para este punto surge de la pregunta "¿qué hacen los emprendedores expertos cuando la vida les da limones?". Ya lo intuyeron: limonada. Este principio hace referencia a la incertidumbre y a la actitud con la que abordan las situaciones inesperadas: no sólo no resisten pasivamente las desventuras, sino que buscan por todos los medios aprovechar las contingencias para potenciar el negocio.

ELSERVER.COM

En 1998, con tan sólo 15 años de edad, Joel Chornik fundó ELSERVER.COM, una empresa de hosting que en 2002 sufriría un importante revés: dado que en ese momento pagaban alojamiento web en el exterior a precio dólar, con el fin de la convertibilidad su principal insumo incrementó notablemente su costo. En ese año cerraron muchas empresas de *hosting* que no podían resistir tal embate en sus finanzas. Sin embargo, Joel detectó que en el contexto, a priori desfavorable, subyacía una oportunidad: muchas empresas que hasta ese momento alojaban sus sitios web en el exterior comenzaron a migrar el servicio a Argentina para poder pagar el *hosting* en pesos. No sólo ELSERVER.COM sobrevivió a la crisis sino que además ensanchó notablemente su base de clientes a partir de una estrategia agresiva de captación que Chornik narraba de la siguiente manera: "dejamos el precio en pesos tal y como estaba, lo que significó bajar el precio en términos reales, y aceptamos cualquier tipo de cuasi moneda que apareciera. La idea era hacer la vida simple al cliente y absorber nosotros los problemas".

En la base de la racionalidad causal subyace la premisa "en la medida en que pueda predecir el futuro, podré controlarlo". La racionalidad de los emprendedores subvierte disruptivamente ese principio planificador: "en la medida en que pueda controlar el futuro, no necesito predecirlo". De esta manera, los emprendedores expertos buscan minimizar todo esfuerzo centrado en conseguir la enorme cantidad de datos del entorno que necesitarían para predecir la trayectoria de la demanda y las estrategias de la competencia a fin de evaluar escenarios futuros (tal como recomendaría cualquier técnico planificador). Por el contrario, buscan concentrar sus energías en las propias acciones, confiados en que su entrada en el mercado será disruptiva y alterará las reglas de juego de aquel.

> Mervyn Evans es un talentoso constructor que, en la Ruta N° 259, en la localidad de Los Cipreses, Chubut, montó con sus propias manos el Molino NantFach, un atractivo turístico que emula a los molinos harineros del siglo XIX. Los profesionales en administración de empresas que lo asesoraron le sugerían que, en función de la cantidad de autos que circulaban por la ruta en temporada turística, estimara la cantidad de turistas, y que segmentara de ese total la cantidad de turistas que se verían tentados por una oferta de turismo cultural y visitarían el molino. La respuesta de Mervyn fue contundente: "no me importa cuántos autos transitan la Ruta N° 259 actualmente, sino cuántos van a transitarla cuando construya el Molino para ir a visitarlo".

Una vez expuestos los principios del razonamiento efectual, podemos contrastarlos comparativamente con los principios del razonamiento causal:

Pensamiento Causal	Pensamiento Efectual
Centrado en la recompensa esperada	Centrado en la pérdida tolerable
Centrado en el análisis competitivo	Centrado en las alianzas estratégicas
Centrado en el conocimiento preexistente y en la predicción	Centrado en aprovechar las contingencias

Fuente: Elaborado a partir de Sarasvathy, 2008.

En este punto, el pensamiento efectual y el pensamiento causal parecen racionalidades opuestas e irreconciliables. Sin embargo, son tipos de pensamiento adecuados para diversas fases del proceso emprendedor. La racionalidad efectual es particularmente útil en las fases de gestación y puesta en marcha, en las que es requerido un pensamiento divergente, creativo, proactivo y abierto a posibilidades, mientras que la racionalidad causal es necesaria en las etapas de desarrollo inicial y de consolidación de la empresa, en la medida en que se requiere un pensamiento analítico, organizador, convergente y planificador. El siguiente gráfico ilustra la complementariedad.

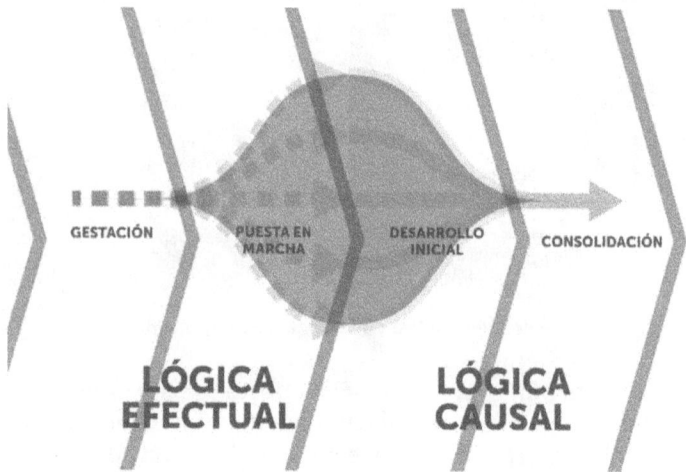

GESTACIÓN   PUESTA EN MARCHA   DESARROLLO INICIAL   CONSOLIDACIÓN

LÓGICA EFECTUAL   LÓGICA CAUSAL

Fuente: Elaboración propia en base a Sarasvathy, 2001, 2008.

Si bien, como señalábamos al principio de este apartado, los emprendedores aplican alternativamente ambos tipos de racionalidades en las diversas etapas del proceso emprendedor, esta generalización nos permite entender los patrones de pensamiento que predominan en cada fase, y resulta por tanto un marco conceptual útil en la medida en que nos facilita la interacción con la racionalidad efectual, que contradice casi todos los paradigmas técnicos del pensamiento administrativo.

Entender este marco general permitirá a los emprendedores conceptualizar la transición que deben afrontar en la medida en que sus iniciativas dejan de ser emprendimientos y comienzan a tener las exigencias de gestión de una empresa. La mayoría de los emprendedores tiene dificultades para realizar el tránsito de emprendedores (efectuales) a empresarios (causales), y esta incapacidad repercute negativamente en la consolidación de sus organizaciones.

4

De tipologías y emprendimientos

Toda disciplina académica que se precie de tal debe, además de precisar su objeto de estudio, establecer categorías que le permitan clasificar a los individuos en conjuntos que reúnan condiciones análogas u homogéneas. Si el emprendedorismo fuera biología, su taxonomía sería virtualmente imposible. Los géneros, especies y familias se redefinen con suficiente periodicidad como para derrumbar sistemáticamente la pertinencia de los criterios clasificatorios, embarcando así a los teóricos entusiastas a una tarea digna de Sísifo.

Pero vale la pena reflexionar sobre los fundamentos de esta taxonomía imposible: nomenclar el fenómeno emprendedor no sólo es una tarea colosal por el dinamismo del campo, sino que sólo cobra sentido a partir de un fundamento pragmático. El objetivo de embarcarse en la titánica tarea de definir qué *tipos* de emprendedores existen o bien es un prerrequisito para dar precisión al análisis sobre su impacto en el desarrollo, o bien es una condición para optimizar las herramientas de apoyo y promoción en función de las necesidades específicas de cada segmento. Sólo en atención de esos loables propósitos nos ocuparemos en este apartado de entrar a la jungla e intentar poner un poco de orden apelando alternativamente a la empiria y a la abstracción. Fieles a nuestro estilo, para complicar aún más la ya de por sí compleja tarea, también buscaremos interpelar las categorías y sistemas clasificatorios, tratando de dilucidar no sólo lo que muestran sino –principalmente– lo que esconden.

Tal como explicitamos en el primer apartado del libro, cuando evocamos la palabra *emprendedor*, en su semántica operan múltiples preconceptos. Algunos piensan que cualquiera que inicia una actividad, del tipo que sea, es un emprendedor. Otros, en cambio, restringen el uso de la palabra para referirse exclusivamente a quienes inician un negocio de alto impacto. Como en cualquier otra actividad humana, lo que pensamos condiciona lo que hacemos, por lo que derribar mitos tiene consecuencias prácticas. Allá vamos.

El éxito como criterio

El éxito es una de las primeras asociaciones que surge cuando hablamos de emprendedores. Basta poner la palabra *emprendedor* en el buscador de imágenes de Google para que aparezcan personas de traje, flechas ascendentes, maletines, oficinas ejecutivas, lamparitas y pilitas de monedas. También desfilan por nuestras mentes los rostros de emprendedores famosos, y cierto halo de glamour alrededor de ellos. Incluso, en los últimos años, algunos exaltados promotores del emprendedorismo lo proponen como una alternativa de desarrollo individual, de manera cuasi mesiánica. De hecho, una de las principales críticas que pesan sobre el emprendedorismo es su presunta filiación al paradigma neoliberal y un exaltado culto al genio individual que lo diferencia de la masa.

Es clave señalar que nada de esto es congénito al desarrollo emprendedor. Por el contrario, como cualquier otra actividad humana, el emprendimiento está permeado por valores socioculturales que lo anteceden y lo enmarcan. Así, en sociedades en las que se cultiva el estereotipo del héroe individual, el emprendedor adquirirá sus características; pero también lo harán los músicos, los deportistas y los políticos famosos. Por el contrario, en sociedades en las que se le otorga mayor valor a lo colectivo que a lo individual, los emprendedores (y, por supuesto, también los demás roles sociales) mantendrán un perfil bajo y la ostentación no será parte de la escena.

Para contribuir a la deconstrucción de los preconceptos que reinan alrededor del tema, es interesante contrastar el paradigma del emprendedor estadounidense con el del emprendedor de los países nórdicos. Recientemente cobraron trascendencia algunos artículos[13] que realzaban este contraste. Seguramente les resulten conocidos juegos como Minecraft y Candy Crush, marcas como Ikea y aplicaciones como Spotify y Skype. Sin embargo, pocos podrán asociarlos al nombre de un fundador o a su país de procedencia. Eso no es casualidad, teniendo en cuenta que provienen de Suecia, un país escandinavo en el que la *Ley de Jante* es una suerte de hábito consuetudinario. *Jantelagen* (en sueco) o *janteloven* (en danés y noruego) son normas sociales centenarias –aunque recientemente codificadas en una obra de ficción– que rigen a las sociedades nórdicas e imponen al bien común y al espíritu comunitario como ideal cultural. Así, el 'nosotros' es más destacado que el 'yo'. Al *CEO rockstar* proveniente de la iconografía emprendedora americana se contrapone un paradigma de compañías pujantes asentadas sobre estructuras planas, diálogo horizontal y trabajo colaborativo.

Resulta útil introducir el tema central de este apartado con esta primera tipificación para prender una alerta temprana: debemos prestar más atención a los preconceptos que subyacen en la definición de las categorías que a las categorías mismas. Durante décadas la literatura de negocios utilizó la guerra como metáfora. El mercado se definía como un campo de batalla y las compañías como contendientes en la riña. En ese marco, todo buen gerente debía tener las cualidades de un guerrero. *El arte de la guerra* era parte de la lectura obligada de grandes y pequeños

---

13 https://goo.gl/cCciDp, https://goo.gl/Z2nbDs

empresarios. Pero los valores culturales no son normas grabadas en piedra; se revalidan y redefinen al tiempo que las
sociedades asumen nuevos modos y desafíos. Paradójicamente, fueron la disrupción tecnológica, el trabajo *freelance*
y los desarrollos basados en TIC las propuestas que generaron comunidades emprendedoras en diversos puntos del
planeta. Así como ciertos valores vinculados al individualismo y al consumismo permearon la cultura global y se
expandieron en todos los rincones del planeta, la tradición
del trabajo colaborativo y de la generosidad en los vínculos
interpersonales para potenciar nuevos proyectos e iniciativas se instituyeron como formas de hacer basadas en la
solidaridad y en la magnificación del ganar-ganar. Ante un
mercado sediento de innovaciones, tecnologías que facilitan el crecimiento exponencial y plataformas colaborativas
que se valen de una propuesta de costo marginal cercano
a cero, la productividad está relacionada con la captación
e impulsión del talento. No es casualidad que el *jantelagen*
emprendedor esté siendo destacado en la cultura americana. En última instancia, se viene implementando en diversas
modalidades hace un par de décadas. ¿Qué son los *coworkings* y *crowdworkings* sino espacios para que la horizontalidad se capitalice? ¿Qué es un *hackathon* sino una apuesta a
que el talento colectivo provoque un incremento geométrico en la calidad de las soluciones planteadas? La propuesta
de constituir *comunidades emprendedoras* de Brad Feld (2012)
se centra precisamente en la generación de condiciones
para que el talento y el liderazgo distribuido aporten el
ingrediente secreto para que el nivel de resultados –individuales y globales– sea incremental. En última instancia, este
es el principio que buscan expandir los Clubes de Emprendedores[14] como política pública nacional en Argentina. La
colaboración, como principio, entró en escena y desplazó el
paradigma tradicional de competencia. Paradójicamente, la
colaboración incrementa la competitividad.

---

[14] https://goo.gl/LGN13d

Dime cómo clasificas y te diré quién eres

Siguiendo la línea de reflexión instituida en el punto anterior, podemos rápidamente concluir que el abordaje de la temática habla más de las intenciones de quien mira que de los emprendedores mismos. Diversos intereses moldearon la escena y se impusieron criterios tanto para reivindicar determinados perfiles emprendedores como para fomentarlos.

En la medida en que múltiples actores e instituciones se involucraron en el tema, pusieron foco en tipos específicos de emprendedores y segmentaron el campo utilizando variables tan disímiles como la pertenencia institucional, el género, la edad, el rubro y la ubicación geográfica, entre otras.

Para ejemplificar algunas de estas clasificaciones y darles sentido a las intenciones subyacentes en su institución, comencemos con la segmentación etaria. En la década pasada, uno de los temas centrales en la reflexión de diversos organismos internacionales vinculados al desarrollo estuvo relacionado con las dificultades que enfrentaban los jóvenes para su inserción laboral. Este criterio de vulnerabilidad llevó a que las instituciones comenzaran a prestar atención a la inserción laboral por vía independiente, y cobraron vigor programas orientados a promover la empresarialidad en los jóvenes[15].

En los últimos años, el péndulo se inclinó hacia el polo opuesto. De la mano de los debates sobre el impacto económico de la longevidad y de la extensión de la vida laboral, mantener a la población económicamente activa también se transformó en una batalla a dar en el campo de

---

[15] En 2003 se sancionó en Argentina la Ley Nacional N°25.872 que instituyó el Programa Nacional de Apoyo al Empresario Joven, que reguló beneficios específicos para el sector. Con el mismo criterio de discriminación positiva, el programa de financiamiento Capital Semilla limitaba la presentación de proyectos a jóvenes entre 18 y 35 años de edad.

las actividades independientes. Varios reportes del *Global Entrepreneurship Monitor* pusieron el foco en la relevancia de los emprendedores *senior*[16] en diversos países y se hicieron eco de ello diferentes medios masivos de comunicación y organismos empresariales que los replicaron en sus redes, instalando la categoría y logrando reconocimiento para ella.

Por otro lado, la temática de género también ganó lugar en el ámbito emprendedor y podemos verificar en los últimos años diversas iniciativas para promover el emprendedorismo liderado por mujeres. Nuevamente el Centro de Investigación en Emprendedorismo del *Global Entrepreneurship Monitor* señala en su reporte de Argentina (2015) que se acortó la brecha entre géneros en porcentaje de la población involucrada en actividades independientes (19% varones, 16% mujeres) y que la incidencia del involucramiento femenino había mantenido un 11% de crecimiento interanual en ese año. Para promover la igualdad de género en la creación de empresas, surgieron iniciativas de formación tales como el *Programa Mujeres Emprendedoras* de *Junior Achievement* Argentina[17], proyectos del ámbito público tales como el programa *Mujeres emprendedoras y desarrollo económico local*[18] y eventos tales como #EllaHaceHistoria de Facebook[19]. También se conformaron organizaciones especializadas como *Emprendedoras en Red*[20], *Chicas en Tecnología (CET)*[21], la organización puntana *Mujeres Emprendedoras*[22] y la *Comunidad de Mujeres Emprendedoras CRIAR*[23], reconocida en 2014 por el Banco Mundial[24] en el marco de la Iniciativa para promover la igualdad de género en América

---

[16] Específicamente en el rango etario comprendido entre los 50 y los 64 años. Cfr. https://goo.gl/HQw562
[17] https://goo.gl/2Px2gB
[18] https://goo.gl/7ufHZ3
[19] https://goo.gl/abkxAk
[20] https://goo.gl/erzACD
[21] https://goo.gl/dWSE1J
[22] https://goo.gl/WsKqmx
[23] https://goo.gl/pqNbMZ
[24] https://goo.gl/R78yWK

Latina y el Caribe. Hasta se impulsaron líneas de financiamiento específicas para el segmento, como la línea de créditos y servicios de negocios para PyME dirigidas por mujeres del BICE[25].

Otro criterio de segmentación de emprendedores se basa en su localización geográfica, originando categorías de emprendedores clasificadas en función de su ubicación o del ámbito de incidencia de sus empresas. Así, se habla de emprendedores rurales, urbanos o incluso globales. Con el objetivo de igualar las oportunidades en diversos contextos geográficos, se anclaron programas de apoyo en contextos socioeconómicamente vulnerables. Un ejemplo de ello es el Programa de Integración Emprendedora[26] o el Centro de apoyo productivo Los Piletones[27], Villa Soldati, impulsados por el Gobierno de la Ciudad Autónoma de Buenos Aires. También se llevan adelante programas de formación con patrocinio corporativo[28] o a través de iniciativas de tercer sector tales como los talleres de la Fundación PROEM[29].

A partir de una lógica similar pero orientada al ámbito rural, surgieron iniciativas focalizadas en las necesidades específicas de los segmentos que no contaban con acceso a los apoyos que normalmente estuvieron ubicados en el ámbito urbano. Así, entre 2006 y 2016 se desarrolló el Proyecto Jóvenes Emprendedores Rurales[30] basado en una doble segmentación a partir de una estrategia de discriminación positiva de la intersección de los colectivos 'joven' y 'rural'.

En el polo opuesto del anclaje territorial de las iniciativas se encuentran los emprendimientos globales, cuya característica principal se vincula precisamente con la internacionalización y la baja incidencia de la ubicación

---

25 https://goo.gl/vkUqMH
26 https://goo.gl/3qfrmM
27 https://goo.gl/MwGBMU.
28 https://goo.gl/LRgck3, https://goo.gl/KoQFwU
29 https://goo.gl/ybWHbc
30 https://goo.gl/kB2e19

geográfica para el desempeño de la organización. Este fenómeno se da particularmente en la prestación de servicios, y puntualmente en aquellos que están basados en tecnologías de la información y la comunicación (TIC). En las industrias digitales, en tanto exista conectividad a Internet, no es relevante la ubicación geográfica de los prestadores de servicios (excepto, en algunos casos, por los husos horarios en la medida en que tengan que estar conectados en simultáneo). Esto facilitó la creación de empresas de diversos tamaños que exportan servicios a diferentes países: desde Globant hasta cooperativas de trabajo, pequeñas empresas y prestaciones individuales.

Esto nos lleva indefectiblemente a considerar que el rubro empresarial es otro criterio clasificatorio a tener en cuenta. No sólo por la fuerte influencia que tiene la industria y el tipo de mercado en el que se insertan las nuevas empresas, sino también porque es una de las variables a partir de las cuales se crearon organizaciones y se diseñaron programas específicos y certámenes para estimular emprendimientos turísticos[31], agroalimentarios, de industrias creativas[32], tecnológicos[33], entre otros.

A su vez, otro criterio que suele entrecruzarse con el anterior es el de la pertenencia institucional. Por ejemplo, algunas universidades impulsan Incubadoras de Empresas para potenciar a emprendedores de base universitaria. En función de las carreras o facultades a las que pertenezcan, se focalizan en determinados rubros. En particular, se estimulan las empresas de base tecnológica (EBT) o de base tecnológica académica (EBTA).

Las categorías de este apartado no son exhaustivas, sólo orientativas. Tampoco son estáticas, sino todo lo contrario: se redefinen periódicamente en función de modas y

---

[31] https://goo.gl/jiHfC1, https://goo.gl/Dck4xS
[32] https://goo.gl/C4gJJU, https://goo.gl/C2i4ip
[33] https://goo.gl/JyEEzh, https://goo.gl/Yg5EEg, https://goo.gl/ESSbDy, https://goo.gl/bKU7oZ

tendencias. Especialmente, se mezclan e interactúan todo el tiempo. ¿Cuáles serán los tipos de emprendedores sobre los que se hablará en cinco años? ¿Y los programas de fomento del desarrollo emprendedor del 2030? ¿Qué perfiles emprendedores buscarán estimular?

Daremos nuestra perspectiva al respecto en un capítulo posterior. Sin embargo, es necesario dejar establecido algo en este apartado: la cuestión de los criterios de segmentación y las categorías para clasificar emprendedores y emprendimientos asume el dilema del huevo o la gallina. A menudo surgen determinados perfiles emprendedores y las categorías se instituyen posteriormente para reconocerlos. Otras veces, las categorías son impulsadas *a priori* desde diversos programas e instituciones para estimular el surgimiento de emprendedores con ese perfil. En la mayoría de los casos es difícil establecer qué sucede primero. Pero lo que es claro es que la nomenclatura emprendedora nunca surge de la nada: detrás de ella operan inevitablemente los mismos procesos socioculturales, sociopolíticos y socioeconómicos que para los demás temas vinculados al desarrollo.

El propósito como criterio

La palabra *emprendedor* se utilizó para referirse a quienes encaraban todo tipo de iniciativas en diversos ámbitos, tal como se problematizó en el primer capítulo bajo las denominaciones de emprendedor, emprendedor personal e intraemprendedor. Esta amplitud favoreció la identificación de patrones comunes y hasta rasgos de personalidad que compartían quienes proponían nuevos proyectos. Tratando de restar ambigüedad a la amplitud, en el presente texto utilizamos una definición centrada en el aprovechamiento de oportunidades. Así y todo, la versatilidad del término se coronó en ley en Argentina. En el texto de la Ley Nacional de Apoyo al Capital Emprendedor sancionada en 2017 (N° 27.349), se define como emprendimiento "a cualquier actividad con o sin fines de lucro desarrollada en la República Argentina por una persona jurídica nueva o cuya fecha de constitución no exceda los siete (7) años" y se considera emprendedor "a aquellas personas humanas que den inicio a nuevos proyectos productivos o desarrollen y lleven a cabo un emprendimiento en los términos de esta ley". A la luz de esta norma, quien funda una organización no gubernamental sin fines de lucro para impulsar cualquier objeto es considerado tan emprendedor como aquel que inicia una empresa de capital. Los nuevos formatos, incluyendo los modelos colaborativos, sin fines de lucro, y las empresas de beneficio e interés colectivo ganaron su batalla y lograron reconocimiento a través de certificaciones y/o normativas.

Al igual que con los automóviles, los modelos híbridos son los portadores del cambio de paradigma. Ya en 2004, Harding definía las empresas sociales como agentes de cambio en el sector social a partir de su aporte para la creación de valor social sostenible adoptando una estrategia comercial para lograrlo. Estas empresas se parecen por un lado a una organización de la sociedad civil en tanto definen y persiguen un objetivo social, y por otro lado se asemejan a una empresa convencional en tanto utilizan una estrategia de mercado para generar ingresos y sostener la propuesta de valor. Con una vuelta más de rosca, este paradigma incluyó a actores que, además de mantener un objetivo social para sus iniciativas, se plantean objetivos ambientales, dando nacimiento así al paradigma de triple impacto, centrado en la generación de impacto social, ambiental y económico positivo. En esta mezcla de lógicas, estos emprendedores definen propósitos que trascienden el lucro y eligen ir por fuera del ámbito de lo público, de lo privado y del tercer sector, constituyendo *de facto* un ámbito imprevisto: el cuarto sector[34].

---

[34] Más información sobre este paradigma en https://goo.gl/sWoS5h.

La evolución de los propósitos

Los paradigmas de desarrollo económico sufren cambios de acuerdo con la dinámica de las fuerzas de mercado, sociales y políticas que interactúan local, regional y globalmente. El paradigma aún dominante (denominado 'economía marrón') se definió en los albores del capitalismo a partir de la maximización de los beneficios de las unidades económicas, buscando lograr la mayor eficiencia posible en la utilización de los recursos necesarios para la producción. En la búsqueda de minimizar los costos de producción vinculados a los recursos humanos y naturales, las empresas convencionales presionan sobre el ambiente y sobre la sociedad, externalizando los costos ambientales y sociales que se generan a partir de un sistema productivo centrado exclusivamente en la rentabilidad.

Ante esta situación, hace varias décadas emergieron propuestas alternativas. Como una medida compensatoria surgió el paradigma de responsabilidad social empresaria, que propone que las empresas que basan su producción presionando los recursos naturales o externalizando impactos sociales hagan una inversión social y/o ambiental para reparar los daños ocasionados. También se consolidó la propuesta de la 'economía verde'[35] centrada en la sustentabilidad, es decir en la propuesta de que el desarrollo debe contemplar el equilibrio de tres factores: económico, social y ambiental. Sin embargo, en la medida en que el modelo verde implica la internalización de costos ambientales y sociales para las empresas, los productos 'verdes' (orgánicos, naturales, *fair trade*, etc.) resultan más caros que los productos convencionales (o 'marrones').

Ante las limitantes estructurales de las propuestas mencionadas, surgieron nuevos paradigmas que proponen desplazar el foco hacia la eficiencia productiva a partir de la reutilización de desechos de una industria en otra industria

---

35 https://goo.gl/MMqVCG

(economía azul[36], economía circular[37]), la valoración humana y social por encima de la renta del capital (economía del bien común[38], economía a escala humana[39], índice de felicidad bruta[40], economías colaborativas[41]) y el surgimiento de compañías que buscan generar un bien ambiental o social utilizando una estrategia de mercado para cumplir sus objetivos. A estas últimas compañías se las define como 'empresas de beneficio e interés colectivo', 'empresas B' (como abreviatura de *beneficio*) o 'empresas de triple impacto', en referencia al impacto ambiental, social y económico positivo que generan.

El paradigma de empresarialidad B va ganando formalización a partir de la certificación de empresas que incorporan un beneficio social o un beneficio ambiental como objetivo fundacional. Esta certificación la otorgan organismos de tercer sector tales como BLab[42] y Sistema B[43]. Hoy existen aproximadamente 2000 Empresas B en el mundo –de las cuales más de 300 son de Latinoamérica– distribuidas en 47 países, de 130 industrias, con más de 6000 millones de dólares en facturación y 13.000 puestos de trabajo. En Argentina actualmente hay aproximadamente 70 Empresas B certificadas y una cantidad similar en proceso de calificación. Además, como una estrategia para extender este paradigma empresarial más allá de la certificación, actualmente se encuentra en el Congreso de la Nación Argentina un proyecto que busca instituir como figura las empresas de Beneficio e Interés Colectivo[44] para todas las empresas que incorporen objetivos sociales y/o ambientales en sus estatutos.

---

36 https://goo.gl/s4qu5m
37 https://goo.gl/sKgS58
38 https://goo.gl/eU6mUu
39 https://goo.gl/N5UFKg
40 https://goo.gl/ME6xPG
41 https://goo.gl/csCvm6
42 https://goo.gl/A5rJff
43 https://goo.gl/2bijbB
44 https://goo.gl/GUaSuk

En tanto la empresarialidad B busca consolidarse como un paradigma de desarrollo, propone la construcción de un 'Ecosistema B' integrado por los diversos actores que forman parte de las fuerzas sociales, políticas y económicas del territorio, entre los que se cuentan los gobiernos, las empresas, las universidades, las organizaciones de tercer sector, inversores, formadores de opinión y demás actores comprometidos con la mejora de la calidad de vida de la humanidad a partir de la creación de bienes y servicios sustentables y regenerativos.

Xinca

"Las motivaciones económicas (beneficios esperados) son muy importantes, pero no más importantes que otras no económicas. Es necesario tener en cuenta que la creación de una nueva empresa es, como la teoría sostiene, una elección de carrera en donde no sólo intervienen factores económicos, sino también factores extraeconómicos como la necesidad de logro, el deseo de autorrealización, la búsqueda de independencia, que hacen que la decisión final de emprender pueda no estar directamente relacionada con la presencia de ventanas de oportunidades", expresa Juan Federico (2006).

Este principio aplica a la decisión de crear cualquier tipo de empresas, pero para los fundadores de empresas de beneficio e interés colectivo las motivaciones extraeconómicas, además de las personales, adquieren un sentido social y ambiental. Tal es, por ejemplo, el caso de Xinca, una empresa mendocina que publicó el siguiente texto en sus redes sociales, a modo de manifiesto:

Producimos calzado incorporando la mayor cantidad de residuos posibles (principalmente residuos de la industria del neumático y residuos textiles).

Desde Xinca, también buscamos integrar a personas excluidas del sistema laboral.

En estos años, hemos trabajado con diferentes organizaciones sociales, con diferentes problemáticas.

El objetivo de 2016 fue producir en el taller de calzado montado en el Penal San Felipe de la ciudad de Mendoza.

Allí trabajan 32 internos que reciben capacitación sobre la fabricación de calzados de calidad e incorporan conceptos como la importancia del trabajo.

Buscamos darles herramientas para reinsertarse en la sociedad una vez cumplida su condena.

Notamos que lo que aprenden lo hacen con mucha expectativa. No tener expectativas los llevó a tomar decisiones que resultaron muy problemáticas.

Como empresa, creemos que podemos ayudar a bajar los índices de reincidencia por delito.

Para 2017 apuntamos a tener un taller fuera del penal para dar trabajo a las personas que recuperen su libertad.

El propósito no sólo se expresa como un slogan promocional, sino que se incorpora en el estatuto empresarial y se internaliza como un objetivo organizacional. Cumplir los objetivos ambientales y sociales es tan importante como hacer rentable la empresa. De hecho, desde la perspectiva de las empresas B, la rentabilidad del modelo de negocios es un medio para alcanzar los fines ambientales y sociales propuestos.

Entre la necesidad y la oportunidad

En el primer capítulo del libro establecimos que entendíamos por emprendedor a aquel que aprovechaba oportunidades de crear futuros bienes y servicios. Más adelante, también pusimos la oportunidad en el centro de la escena. Pero ¿qué pasa cuando lo que subyace a la creación de una empresa es la necesidad en vez de la oportunidad? Entre la necesidad y la oportunidad hay un abismo de distancia, y es necesario profundizar en sus condicionantes y posibilidades.

La dualidad necesidad/oportunidad fue utilizada por la *Kauffman Foundation*[45] y por el *Global Entrepreneurship Monitor*[46] para distinguir la 'actividad emprendedora impulsada por la necesidad' de la 'actividad emprendedora impulsada por oportunidad'. Así, se entiende por *emprendedor por necesidad* a aquel que se involucra en una actividad económica independien-

---

[45] Fairlie, R.; E. Reedy; A. Morelix y J. Russell. *The Kauffman Index startup activity. Nationaltrends 2015*, Kauffman Foundation, 2015.
[46] https://goo.gl/Zy34oP

te porque no tiene otra opción laboral. En cambio, se define al *emprendedor por oportunidad* como aquellas personas que, teniendo otras opciones laborales, se deciden a emprender por motivaciones vinculadas a la puesta en práctica de sus conocimientos, a la expectativa de incrementar sus ingresos o el deseo de ser independientes.

Teniendo en cuenta estas categorías y retomando la definición de emprendedorismo a partir de la noción de oportunidad, es necesario reflexionar si las actividades independientes que se originan en la necesidad califican como tal (cfr. Naudé, 2009). Asumiendo una perspectiva crítica, en un reporte del Banco de Desarrollo de América Latina (CAF, 2013) se problematiza el emprendedorismo por necesidad ligado a las actividades económicas de subsistencia, de autoempleo e incluso a la microempresarialidad como un refugio del desempleo.

La escala como limitante

En estrecha relación con lo antedicho, es necesario que deconstruyamos otro mito que rodea a la palabra 'emprendimiento' cuando se la asocia a la pequeña escala. Tal como establecimos en el apartado "Una organización temporal", es el tiempo y no la escala lo que define qué es un emprendimiento. Sin embargo, en nuestra región, en su uso vulgar el término está asociado con negocios de pequeña escala, cuando no directamente con actividades económicas de subsistencia o, incluso, informales. Esta identificación incidió negativamente en el imaginario social alrededor del tema emprendedor, e influyó en la percepción del emprendedorismo como bote salvavidas de las crisis económicas. Sumado a esto, a menudo las estadísticas demuestran que en la cantidad de empresas que surge por oportunidad y por necesidad tiene una fuerte influencia el contexto económico del país de referencia. Hasta 2015, en su sitio web institucional, el *Global Entrepreneurship Monitor* permitía comparar la prevalencia relativa del emprendimiento por necesidad y del emprendimiento por oportunidad[47].En el caso de Argentina, y teniendo como trasfondo el desempeño de la economía entre 2004 y 2014, podemos verificar que en los años de crecimiento subió el emprendedorismo por oportunidad y disminuyó el emprendedorismo por necesidad, mientras que en los años de decrecimiento tuvo mayor incidencia el emprendedorismo por necesidad y disminuyó proporcionalmente el emprendedorismo por oportunidad.

Prevalencia relativa de emprendimientos por oportunidad y de emprendimientos por necesidad en Argentina, ciclo 2004-2014[48]

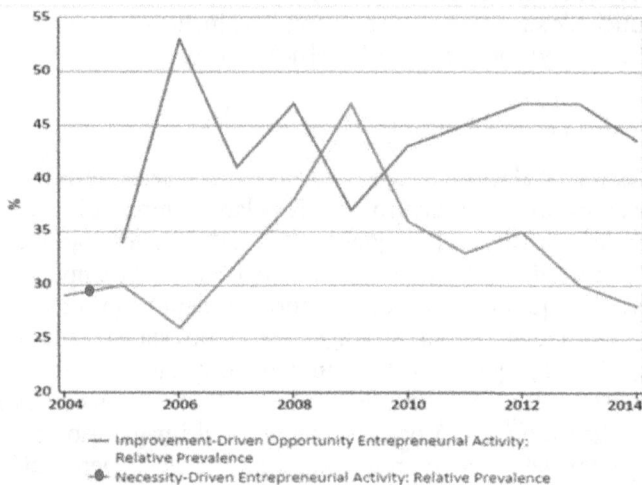

Improvement-Driven Opportunity Entrepreneurial Activity: Relative Prevalence

Necessity-Driven Entrepreneurial Activity: Relative Prevalence

Fuente: https://goo.gl/1wjDQ5 (consultado el 18/7/2015).

---

[47] Actualmente sólo permite graficar el emprendimiento por oportunidad, en https://goo.gl/gFPVga.

[48] Lamentablemente a partir de 2016 el *Global Entrepreneurship Monitor* dejó de publicar en su sitio web el indicador 'necessity driven entrepreneurial activity' (o 'actividad emprendedora impulsada por necesidad), por lo que se dificultan los estudios comparativos desde 2015 en adelante.

Esto nos lleva inexorablemente a cuestionarnos si la creación de empresas *per se* resulta un indicador confiable a la hora de evaluar el desarrollo y a señalar abiertamente la necesidad de tener en cuenta el *tipo* de empresas como telón de fondo a la hora de plantear esta reflexión. En un interesante artículo sobre políticas públicas de desarrollo emprendedor, Scott Shane (2008) problematiza el vínculo entre desarrollo y nacimiento de empresas, señalando que se verifican altas tasas de creación de empresas en los países pobres y de economía primarizada, mientras que los países desarrollados en realidad tienen tasas decrecientes de formación de nuevas empresas.

Esto nos lleva a jerarquizar el tipo de empresa en función de su incidencia en el desarrollo local. Pero ¿qué variables deberíamos tener en cuenta para hacerlo? ¿Agregado de valor? ¿Generación y distribución de la riqueza? ¿Generación de empleo? ¿Impacto en la cadena de valor? ¿Diversificación de la matriz productiva? ¿Incremento del conocimiento y el *saber hacer* local? ¿Impactos positivos en términos sociales, ambientales y económicos? Sin dudas podríamos hacer un largo listado de indicadores pertinentes, pero tarde o temprano recaeremos en los indicadores estandarizados. Esto nos lleva a considerar la escala empresarial como patrón de referencia.

Siguiendo la reflexión crítica de Shane (2008), tenemos que prestar atención no solo a la natalidad de empresas[49] sino a su calidad (inicialmente en términos de escala). En América Latina, tres de cada cuatro empresas creadas nacen por necesidad y no escalan de microempresas (Lerner y Schoar Ed., 2010). Dentro de esta estadística entran actividades comerciales de pequeña escala e incluso actividades artesanales con dificultades estructurales para crecer. Tal

---

[49] Podemos estimarlo siguiendo el indicador que el Global Entrepreneurship Monitor llama *Total Early-stage Entrepreneurial Activity (TEA)* y define como "el porcentaje de la población entre 18 y 64 años que es un emprendedor naciente o un propietario-gerente de un nuevo negocio".

como explicitamos en el apartado "Una cuestión de recursos", en la mayoría de los casos, las dificultades son congénitas. De hecho, el CAF (2013) considera que más que emprendedores puede tratarse de asalariados desempleados 'encubiertos' bajo la actividad emprendedora.

Y es que crecer no es una obligación, sino una opción. Como vimos, quien inicia una actividad económica independiente puede hacerlo como un tránsito desafortunado entre empleos en relación de dependencia (por necesidad) o bien como una opción para canalizar sus energías creativas, mejorar sus ingresos o para ser su propio jefe (por oportunidad). Pero las ambiciones y expectativas de base[50] tendrán pisos mínimos y máximos muy variables según de quién se trate. Será muy distinto para quien inicia una actividad de subsistencia, para quien comienza un nuevo negocio part-time, para quien lleva adelante un negocio familiar o para quien está pensando en generar un emprendimiento de rápido crecimiento e internacionalización. Sus culturas organizacionales y sus respectivas vocaciones de crecimiento serán, si se quiere, el principal condicionante interno para el desarrollo empresarial.

La mirada micro y la mirada macro se contraponen en este punto: mientras que a escala empresa 'todo vale' y cada emprendedor decide qué escala quiere darle a su emprendimiento, desde el punto de vista del desarrollo regional es clave enfocarse en un perfil específico de emprendimientos: aquellos que tienen mayor dinamismo y que son fundados con aspiración de crecimiento.

---

[50] Lo que Isenberg (2013) denomina 'valores' en su conceptualización de oportunidades de negocio.

eTips

¿Qué estás dispuesto a hacer para que tu empresa crezca? ¿Hasta dónde estás dispuesto a llegar para expandirla? Cuando sean decisiones cruciales, ¿vas a priorizar lo mejor para tu *startup* o mantener el *statu quo* en tu vida? Sebastián Juárez se enfrentó cien veces a esas preguntas, y siempre fue por más.

Juárez nació en Salta y residió allí hasta que llegó el momento de encarar sus estudios universitarios. No dudó en seguir su afición a las computadoras y se mudó a Buenos Aires para hacer la carrera de Ingeniería en Informática en la Universidad de Buenos Aires (UBA); eran años en los que el mundo tecnológico empezaba a dar los primeros signos de que permearía todos los ámbitos de nuestra cotidianeidad.

Vivió Buenos Aires como "un mundo de oportunidades" y su vida universitaria como un trampolín que le permitió conectarse con ellas. Su primera experiencia laboral en informática fue autogestiva. Entre 2002 y 2005 formó parte activa de la cooperativa de desarrolladores TECSO Ltda. En un esquema de trabajo horizontal, además de poner a prueba sus capacidades como programador en los proyectos que encaraban, fortaleció sus habilidades de trabajo en equipo y liderazgo.

Pero ya entonces tenía la motivación de desarrollar juegos y aplicaciones, aun cuando faltaban años para que los teléfonos inteligentes (*smartphones*) se masificaran. En 2004, la pujante multinacional francesa Gameloft, una empresa especializada en el desarrollo de juegos para computadoras y celulares, decidió desembarcar en Argentina. Siguiendo su inquietud e intuición, Sebastián estuvo dispuesto a renunciar a TECSO para incorporarse a las filas de Gameloft, decisión que le implicó sacrificar ingresos. A pesar de que el sueldo era considerablemente menor, el nuevo trabajo le servía para cumplir su objetivo principal: "aprender desde adentro cómo era la producción industrial de los videojuegos".

La primera lección significativa no estaba relacionada con su oficio de programador. "Dentro de Gameloft me di cuenta de la importancia que tenía no solo la producción sino también la distribución, la comercialización de los videojuegos", expresa Juárez. Y esta percepción lo llevó a postularse para el cargo de manager en E-commerce para Latinoamérica.

Durante dos años estuvo a cargo de la comercialización en la región, y esa función le dio los conocimientos que posteriormente sentarían las bases comerciales de su propio emprendimiento.

En retrospectiva, el emprendedor reflexiona sobre el impacto de la radicación de la empresa en el ecosistema tecnológico local: "El hecho de que haya venido Gameloft a Argentina sirvió para que haya un montón de *spinoffs*[51]. Muchos compañeros míos hicieron *startups* chicas y otros emprendimientos relacionados". Ver de cerca a un gigante de la industria sirvió para que "los que andábamos en ese mundo tuviéramos muchos más conocimientos técnicos y comerciales del rubro", señala Sebastián.

Y en esa dinámica, él hizo su parte: mientras continuaba trabajando en relación de dependencia aprovechó sus ratos libres para estructurar su propio emprendimiento: eTips. En ese momento, la *startup* estaba orientada a desarrollar videojuegos para celulares. Incrementando las estadísticas de financiamiento a través de las '4F' en estadios tempranos, Sebastián cuenta que consiguió dinero "mayormente de mi papá, de mi hermano y mío, para dedicarme full time a la nueva empresa durante un año".

El primer año fue un éxito en términos comerciales. Logró cinco contratos con 'agregadores' (que son los distribuidores de juegos para celulares en Latinoamérica), pero aun así rentabilizar no era una meta cercana: las cuentas seguían en rojo. Soltar la toalla no era una opción, pero los números son tiranos con las *startups*, por lo que para salir del brete Sebastián tomó la decisión de volver a trabajar un tiempo en relación de dependencia. Pero si lo iba a hacer, tenía que permitirle un margen suficiente como para inyectar fondos, tiempo y energía en eTips, así que decidió probar suerte en Europa, donde los sueldos de los desarrolladores eran más altos.

Trabajó primero en Madrid y luego en Ginebra, como programador para el Alto Comisionado de las Naciones Unidas para los Refugiados (ACNUR, o UNHCR por sus siglas en inglés). Dado que tenía menos tiempo libre para dedicar a

---

[51] La traducción literal de *spinoff* es 'desprendimiento' o 'escisión'. En el ámbito empresarial se utiliza en referencia a las nuevas empresas surgidas a partir de otras empresas u organizaciones.

su propia empresa, la única manera de hacerla crecer era incorporando más personas a su equipo de trabajo. Como en las industrias digitales la ubicación geográfica no es una limitante, se valió de sus redes de contactos para reclutar programadores de confianza. Sumó amigos y ex compañeros de trabajo que desarrollaban desde Salta y desde Buenos Aires, mientras él conducía el emprendimiento desde Europa.

Esa fue una etapa de crecimiento para eTips; tanto en facturación como en estructura. Los productos ya habían virado de videojuegos a *Travel Apps*, aplicaciones para celular con guías turísticas que incorporan realidad aumentada. Cuando la empresa ya estaba integrada por seis personas, el fundador renunció a su trabajo en Naciones Unidas para volver a dedicarse de lleno a su proyecto, a pesar de lo cual tomó la decisión de seguir viviendo en Europa unos años más. Es que el viejo continente tiene su magia, y Francia, que era la cuna de Gameloft, parecía un lugar ideal para asentarse. Dicen que París detenta el doble título de 'ciudad luz' y 'ciudad del amor'. Sebastián constató que el segundo título estaba bien puesto: allí conoció a su actual esposa, y a partir de entonces las decisiones sobre dónde vivir y de qué trabajar pasaron a ser familiares.

En una compleja ecuación en la que intervenían variables que tenían que ver con hacer crecer eTips, formar una familia, y ganar calidad de vida, decidieron volver a Argentina para asentarse en una ciudad que conjuga un entorno natural privilegiado con un fuerte desarrollo del sistema científico tecnológico: San Carlos de Bariloche. En su nueva locación, Sebastián y su esposa se desarrollaron profesionalmente y se vincularon, cada uno en su rubro, con diversos referentes que les ayudaron a fortalecer el anclaje local de sus actividades. En la ciudad patagónica asentó la factoría y llegó a tener nueve empleados desarrollando para eTips. Pero cuando de *startups* tecnológicas se trata, más tarde o más temprano, para crecer hay que vincularse con el Silicon Valley. El vórtice de atracción es muy potente, y los vínculos de eTips con Palo Alto se fueron fortaleciendo año a año, hasta consolidarse formalmente en 2016, cuando el hermano del fundador tomó la decisión de radicarse en Estados Unidos para representar a la empresa. No fue amor en un día, sino más bien una seducción lenta pero irresistible. Contribuyeron algunas limitantes locales relacionadas con el ancho de banda y con las regulaciones contractuales que no resultaban adecuadas para emprendimientos vinculados al software. Pero más que las restricciones de Patagonia, fueron las puertas que abrió el Silicon Valley lo que los decidió a asentar la casa central de eTips en el país del Norte. "Fue muy fácil crear la empresa en Estados Unidos", señala Juárez, agregando que el marco regulatorio de ese país les da la tranquilidad de que "si la empresa no funciona no nos vamos a ver implicados con grandes impuestos ni presiones legales". "La verdad es que desde que empezamos hasta ahora vienen siendo todas buenas noticias y facilidades para armarnos allá. Desde la infraestructura física, hasta las cuestiones legales y de negocios", señala el emprendedor.

En una nueva mudanza impulsada por la dinámica de eTips, en el mes de abril de 2018 Sebastián Juárez, su esposa y sus dos hijos hicieron las valijas para radicarse en Palo Alto. Nadie sabe dónde terminará el derrotero de la empresa en esta industria que hace honor a la denominada *knowmad society*, pero queda claro que el Silicon Valley parece un destino natural para lo que inició como un emprendimiento pujante.

"Empecé a ver la posibilidad de incorporar inversores, clientes y nuevas alianzas, para hacer algo mucho más grande en el futuro", cuenta Sebastián. "Las perspectivas de crecimiento son altas en la medida en que, al ser un ecosistema tan desarrollado de empresas tecnológicas, las innovaciones en productos y en modelos de negocios se potencian unas a otras", insistió.

En el caso de eTips, podemos analizar cómo se entrelazan la aspiración del equipo emprendedor con el potencial del negocio y la dinámica de la industria en la que se desempeña. Escalar tiene sus costos, y sin suficiente ambición por lograr nuevas metas de crecimiento, la titánica tarea de superar los escollos y enfrentar los sacrificios necesarios quedará trunca o simplemente no iniciará. Volviendo al inicio, siempre es bueno reflexionar: ¿qué estás dispuesto a hacer para que tu empresa crezca?

El zoológico de los dinámicos

Todo es culpa de Birch. Debemos confesar que la metáfora
zoológica no nos gusta. Pero a este autor se le ocurrió proponer en 1979 una analogía entre las empresas y diversos
animales, en función de su tamaño y velocidad. Es que de
eso se trata. En los negocios contemporáneos, la agilidad
es un valor. Kantis et al. (2002) instituyeron el concepto de
dinamismo en la región. Por lo que en este apartado nos
adentraremos en la perspectiva de estos autores y hablare-
mos de ratones, elefantes y gacelas. Sepan disculpar.

En última instancia, la escala es una definición mensu-
rable. A través de normativas nacionales, los Estados fijan
las categorías de micro, pequeña, mediana y gran empresa
para diferentes rubros, teniendo en cuenta diversos indicadores. Sin embargo, clasificar las empresas en un momento
determinado nos da información estática, una foto del mapa
empresarial nacional. Pero aplicando un adagio popular en
las redes sociales: si hay foto, hay video... y el video es
mucho más interesante porque permite evaluar el dinamismo empresarial. Utilizando las categorías de Birch (1979),
¿cuántos de los 'elefantes' (grandes empresas con poca agilidad) seguirán siendo grandes a pesar de los cambios tecnológicos y cuántos seguirán el destino de Blockbuster o de
Kodak? ¿Cuántas de las nuevas firmas nacieron pequeñas
para seguir siendo 'ratones' durante todo su ciclo de vida?
¿Cuántas de las empresas recién nacidas, que hoy califican
como microempresas, tienen la velocidad de una gacela y en
los próximos años escalarán a medianas o grandes empresas? Estas últimas han cobrado relevancia en la literatura
especializada precisamente por su aporte a la innovación
y al desarrollo local.

Encontrar una empresa con potencial dinámico se
transformó en la búsqueda del santo grial para los programas públicos de apoyo a emprendedores, y en una quirúr-
gica tarea de selección en las Aceleradoras e Incubadoras
más competitivas. Es que se trata de aquellas empresas que

no sólo pueden sortear con éxito los primeros años (como etapa crítica y de mayor riesgo de mortandad), sino que nacieron para ganar una posición competitiva y escalar. Así, para Kantis et al. (2014):

> Los emprendimientos dinámicos son los que tienen mayor capacidad para crear empleos de calidad y ayudar a diversificar la estructura productiva de la región. En pocos años, estos emprendimientos logran convertirse en Pymes competitivas con potencial de seguir creciendo en base a la diferenciación y la innovación. Es por eso que cada vez son más los países que están interesados en promover su surgimiento. (Kantis et al., 2014)

Habiendo mencionado ya a los ratones, elefantes y gacelas con sus respectivas características, y explicitado que todos quieren cazar a estas últimas por su impacto en el desarrollo, habrán adivinado el punto: son escasas. ¿Pero cuán escasas? Según Kantis et al. (2017), en 2015 sólo un 0,001% de las empresas registradas en los sectores de industria, comercio y servicios podían catalogarse como gacelas[52].

Así y todo, a pesar de la escasez de las empresas dinámicas, su relevancia y notoriedad impulsó la especialización de las metáforas zoológicas para nomenclarlas. La velocidad no era suficiente indicador para dar cuenta de su variedad. Tomando en consideración la valuación como indicador, la fauna se tornó aún más exótica. Se impuso la denominación de 'unicornios' para aquellas empresas cotizadas en mil millones de dólares o más, la de 'centauros' para aquellas valuadas en cien millones de dólares o más. Como habrán notado, se trata de seres mitológicos; muchos

---

[52] La OCDE define como gacelas a las empresas de entre 4 y 5 años de vida, cuyo crecimiento trienal es de al menos un 20%. En nuestro país, se trataba de 600 sobre 600.000, según la información del Observatorio de la Dinámica del Empleo y Empresas del Ministerio de Trabajo de la Nación sobre la base del Sistema Integrado de Jubilaciones y Pensiones analizada por el equipo de PRODEM-UNGS.

emprendedoristas afirman convencidos que se han cruzado con uno en fases tempranas, aunque casi nadie les cree. El problema de base es el siguiente: las empresas que logran un despegue con semejante nivel de aceleración en general están basadas en propuestas tan disruptivas que generan desconfianza y descreimiento en las etapas tempranas de su desarrollo. Con apuestas tan arriesgadas (que analizaremos en el próximo apartado), ni planificadores, ni inversores, ni técnicos pueden pronosticar cuáles de las *startups* son potenciales unicornios y cuáles son sólo locuras en la mente de sus fundadores. Al principio son tan parecidas que resultan indistinguibles. Piensen en cualquier innovador de la historia y en las adversidades que enfrentó en su entorno social hasta que logró el éxito en su iniciativa y tendrán una imagen mental del día a día de las empresas más dinámicas cuando están en estadio germinal. Como los héroes mitológicos, estas empresas son una buena referencia aspiracional, pero un mal ideal regulativo: ponen la vara tan alta que en vez de motivar a la acción obnubilan y paralizan. Para volver a la realidad, es necesario recordar que su proporción sobre el total de empresas reúne varios ceros después de un cero y coma. Tal vez tantos ceros como tienen sus respectivas valuaciones después del uno.

Volviendo al terreno de los mortales, en la nomenclatura de las dinámicas aparecieron también los ponis. No dejen que su tamaño los engañe. Se trata de empresas valuadas en la suma –para nada despreciable– de diez millones de dólares. Si se encuentran con alguno, no duden en atraparlo.

Retomando las metáforas zoológicas basadas en el movimiento, Kantis et al. (2016) incorporaron nuevos animales para dar cuenta no sólo de la velocidad sino del tipo de desplazamiento que caracteriza a las nuevas empresas dinámicas. Así surgieron los canguros, que avanzan a un ritmo promedio un tanto inferior al de las gacelas, pero a los saltos. También los delfines, que tienen la capacidad de moverse en diversos ecosistemas, regulando su velocidad de nado y/o de salto en la superficie. Y finalmente fue invitado el ser humano a sumarse a la fauna emprendedora: si bien su velocidad es menor, tiene la facultad de, según la necesidad, correr, saltar, caminar y apelar a su inteligencia para resolver situaciones complejas que lo ameriten.

Una vez analizados genéricamente los diversos seres de la escena empresarial de alto impacto, reales y mitológicos, terrestres y marinos, humanos y animales, nos vemos en la obligación de resaltar que, si bien las metáforas resultan útiles, por su poder conceptual, para abstraer determinadas características de las empresas dinámicas, resulta difícil hacer una clasificación taxativa en función de los criterios que caracterizan a cada animal según su velocidad o tipo de movimiento. Tal como señalan los autores mencionados, una misma empresa puede comportarse –según la necesidad o según su capacidad– como distintos animales a lo largo de su ciclo de vida inicial.

Por otra parte, resulta interesante el análisis de la innovación en *startups* y en compañías consolidadas. Mientras que ante el surgimiento de determinadas tecnologías son las *startups* las que tienen mayor agilidad para aprovechar las oportunidades de disrumpir y poner en jaque a compañías consolidadas que no logran adaptarse con suficiente velocidad, cuando estas tecnologías se estandarizan las grandes empresas aprovechan su antigüedad y experiencia para incorporar tecnología e innovar con el paso firme de los elefantes. Un interesante reporte de IBM recientemente publicado, *Incumbents strike back* (2018), analiza esto en profundidad y nos da algunas pistas sobre la dinámica tecnológica y empresarial que retomaremos al final del libro.

Lo que el mercado cuenta

Los mercados son deformes. Es un hecho. Al menos para los economistas que diseñaron un modelo antiempírico, ideal, al que denominaron 'perfecto', en el que todos los oferentes y demandantes son de tamaños similares, todos disponen de toda la información del mercado todo el tiempo, y todos los productos son indiferenciados. Algo así tiene la misma probabilidad de existir que el famoso chancho volador. Sin embargo, desde el paradigma de la perfección se propusieron diagnósticos de las deformidades, así se da cuenta de los diversos tipos de mercado que efectivamente se presentan: monopólicos, monopsónicos, oligopólicos, oligopsónicos, de competencia monopólica... Y no da igual nacer y desarrollarse en uno o en otro. Las nuevas empresas que aspiran a un rápido crecimiento indefectiblemente se insertan en un mercado con determinadas características que las anteceden, incluso cuando lo 'crean'.

La denominación *startup* se impuso globalmente para referir a empresas con potencial de rápido crecimiento (sea en términos de facturación, de generación de empleo o de participación en mercados internacionales). Haciendo una simplificación casi reduccionista para ser ilustrativos, hay dos factores clave que las caracterizan: a) el dinamismo, capacidad y ambición del equipo fundador, y b) su posicionamiento competitivo –generalmente a partir de la disrupción– en el mercado. Sobre todo, en las primeras etapas de desarrollo una *startup* es su equipo emprendedor y tiene el potencial de desarrollo que su equipo emprendedor sea capaz de imprimirle, tanto por su visión como por su capacidad de ejecución. Pero también, una *startup* es su propuesta de valor lanzada a un mercado con determinadas características.

Un reconocido autor en el ámbito de las *startups*, y uno de los autores más influyentes en el nacimiento de las denominadas *metodologías ágiles*, Steve Blank (2008), clasifica a las *startups* en cuatro grandes categorías. Empresas que:

- Ingresan un nuevo producto a un mercado existente.
- Ingresan un nuevo producto a un nuevo mercado.

- Ingresan un nuevo producto a un mercado existente e intentan resegmentar ese mercado como un participante de bajo costo.
- Ingresan un nuevo producto a un mercado existente e intentan resegmentar ese mercado como un participante de nicho

Algunas versiones románticas del emprendedorismo hacen tanto hincapié en la figura idealizada del emprendedor-héroe, que ponen el énfasis del éxito de la empresa casi exclusivamente en su capacidad de liderazgo y conducción. Pero lo cierto es que en buena medida el éxito empresarial estará mediando por condiciones externas y por la dinámica del mercado. "El tipo de mercado influye en todo lo que hace una empresa", señala Blank (2006). El 'viento de cola' de los mercados en expansión puede impulsar al éxito a emprendimientos cuyos equipos fundadores no tendrían chance de sobrevivir en contextos más competitivos o en mercados tradicionales.

Está claro que no es lo mismo entrar al mercado de la cerveza artesanal ahora que hace diez años. Ni es lo mismo entrar al mercado de las criptomonedas hoy que dentro de diez años. Ya lo señala una afirmación mercadotécnica de sentido común: es tan malo entrar a un mercado demasiado temprano como demasiado tarde. Quien abre el mercado se enfrenta al desconocimiento del producto, a la falta de regulaciones y a pagar el aprendizaje que potenciales competidores obtendrán gratis a partir de su experiencia, así como mejorar su propuesta de valor si no logran establecer lo que Maurya (2010) denomina 'ventajas injustas'.

Así y todo, siguiendo la metáfora de Kim y Mauborgne (2005), no da igual nadar en un mar lleno de tiburones que en aguas prístinas e inexploradas. Es tentador nadar en un océano azul. Pero ¿qué hay que tener en cuenta a la hora de hacerlo?

El emprendedorismo, como disciplina académica, pero sobre todo como propuesta metodológica para la impulsión de nuevas *startups*, aprendió mucho de los mercados vinculados a industrias digitales. El dinamismo de estos puso en jaque las estrategias de estudios de mercado y de *marketing* tradicional. Tal como ejemplificaremos con un caso, Sarasvathy (2001, 2008) utiliza la matriz de Ansoff[53] para señalar los cuadrantes en los que los emprendedores tienen mayor competitividad y les pueden jugar de igual a igual a grandes compañías establecidas:

- Cuando impulsan un producto existente a un nuevo mercado.
- Cuando impulsan un nuevo producto en un mercado existente.
- Cuando impulsan un nuevo producto en un nuevo mercado.

Vemos cómo la estrategia de Sarasvathy se vale de una segmentación similar a la que establece Blank, y ambos coinciden en algo: las reglas cambian cuando no se trata de mercados tradicionales. Sucede algo similar que con la física clásica y la física de partículas: ambas hablan de materia y energía, pero las leyes que aplican en un campo no necesariamente aplican en el otro. La segmentación de mercado tradicional sirve con efectividad cuando tanto el mercado como el producto son existentes y mensurables. Cuando uno de los dos, o ambos, son nuevos, hay que improvisar, testear, experimentar, y conseguir información validada de manera directa. El comportamiento de los mercados creados por estos bienes y servicios innovadores no puede predecirse ni estudiarse con las estrategias del marketing tradicional. No existe una manera de estudiar la demanda (que aún no existe) de un producto (que aún no existe), excepto testeándola, vinculando la propuesta de valor con

---

53 Conocida también como matriz producto/mercado.

los potenciales clientes y escuchando qué tienen para decir sobre ella. En síntesis: aprendiendo del mercado de forma directa. Las estrategias de marketing lateral, las metodologías de diseño centradas en el usuario, las herramientas de pensamiento visual y las metodologías ágiles ganaron terreno en ese contexto.

Así, si la combinación producto/mercado incluye la palabra 'nuevo' en alguno de los campos, la recomendación es 'desarrollar el cliente', incluirlo en el diseño del producto, validar la oferta y la demanda al mismo tiempo, maximizando el aprendizaje con la menor inversión posible. No es casualidad que las metodologías *lean*, de diseño centrado en el usuario y de desarrollo de clientes, hayan surgido en la era en que la propuesta de los productos es dejar de ser bienes, para transformarse en servicios.

LiZys

'Deme un kilogramo de nanopartículas hidrofóbicas'. 'Para mí, una docena de hidrofílicas'. 'Yo quiero medio kilo de nanocompuestos para remediar derrames de hidrocarburos. Envuelto para regalo por favor'. Claramente la demanda de productos y servicios nanotecnológicos no funciona de esa manera. Ni las unidades de medida son las convencionales, ni los productos se generan en una cadena de montaje tradicional, ni los clientes son un consumidor final en un punto de venta minorista. Las empresas de nanotecnología se mueven en un mercado de especialistas, y por tanto el *know how* es un prerrequisito para desarrollar un emprendimiento en este rubro.

Roberto Zysler y Enio Lima son nanotecnólogos, y en el apogeo de una virtuosa carrera de investigación decidieron ir por más y se pensaron emprendedores. Fundaron LiZys, una empresa de base tecnológica (EBT) enfocada en la fabricación y venta de Nanopartículas Magnéticas adaptables a diversas aplicaciones. Por la versatilidad de estos productos, y el amplio campo de implementación que puede encontrarse para ellos, los emprendedores se enfrentaron al desafío de desarrollar mercados tan innovadores como los productos que ofrecían.

Aprendizaje a partir del mercado

¿Por dónde empezar a estimar el mercado potencial de un producto que la mayoría de los posibles clientes ni siquiera sabe que necesita? ¿Cómo podría hacerse una investigación de mercado para estimar el tamaño total, el segmento ya cubierto por la competencia y los nichos más fáciles de cubrir en etapas iniciales si la categoría industrial aún no se consolidó y los productos ni siquiera aparecen en los nomencladores de productos exportables? La respuesta, a escala empresa, la fueron encontrando los titulares de LiZys. Además de una prospección de clientes potenciales para definir su mercado, los fundadores hicieron una búsqueda de emprendimientos y empresas globales que se insertaran en el mismo rubro, estudiando sus productos y clientes, para diferenciarse. Pero más allá de los potenciales competidores, encontraron otro problema, que suele ser aún más grave: "También ocurre que el posible cliente no sabe que puede necesitar nuestros productos y tenemos que empujarlos a esta tecnología nosotros", señala al respecto Zysler. Esta situación es habitual cuando el desarrollo empresarial se da a partir de nuevos productos que, con su aparición, crean nuevos mercados.

Saras Sarasvathy (2008) realiza una intervención sobre la tradicional Matriz de Ansoff, denominando 'cuadrante suicida' al que resulta de la confluencia de un nuevo producto y un nuevo mercado.

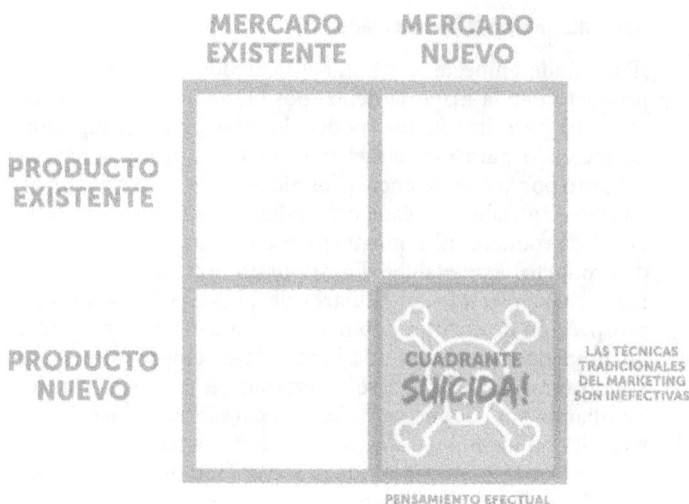

Cuadrante suicida en la matriz producto/mercado. Sarasvathy, 2008.

El mote de 'suicida' está relacionado con el enorme esfuerzo comercial que es necesario realizar para que el mercado, en primer lugar conozca y luego decida adquirir el producto. Cuando los fundadores de LiZys dicen 'empujarlos a esta tecnología nosotros', están indicando que el desarrollo de mercado es una precondición para la venta del producto. Una decisión estratégica equivocada puede costarle la vida al emprendimiento cuyos productos se insertan en este cuadrante, en la medida en que sus recursos no sean suficientes para lograr el éxito comercial y financiero.

Esta situación es una constante en la penetración de mercado de los bienes y servicios innovadores, sea que estos estén lanzados por grandes compañías o por nuevas empresas. En la década de 1960 se problematizó esta situación en relación a las innovaciones tecnológicas, y para dar cuenta de ella, Everett Roggers propuso una curva de difusión de las innovaciones en la que se distinguen a los innovadores y adoptadores tempranos (que son los primeros en incorporarla), de la gran mayoría de los consumidores que adoptarán el producto cuando ya esté consolidado, y de los rezagados, que constituyen una porción menor del mercado que se resistirá al cambio y sólo se adaptará cuando sea inevitable. En 2006, Steve Blank modifica esta *curva de Rogers* para ilustrar la necesidad de iniciar un proceso de desarrollo de clientes paralelo al proceso de desarrollo de productos a fin de lograr que haya una base de clientes que permita rentabilizarlo cuando este sea lanzado al mercado. Puede notarse en su propuesta que, entre los primeros segmentos de clientes y el mercado principal, el autor sitúa un abismo. El abismo es también llamado 'el valle de la muerte', en referencia a que en él caen muchos productos y compañías antes de lograr consolidar una base rentable de clientes en el mercado principal. En el proceso de 'desarrollo de clientes' resulta clave apalancarte en los adoptadores tempranos (entusiastas y visionarios) para que sean estos quienes difundan el producto[54].

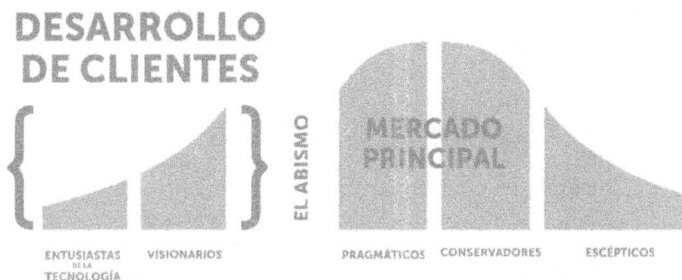

Curva de adopción de la tecnología, adaptada por Blank, 2006.

De la mano de las *startups* tecnológicas surgieron propuestas metodológicas orientadas a preparar a las empresas para el lanzamiento de productos en mercados que no pueden investigarse *a priori*, debido a que la demanda se crea a partir de la disponibilidad de determinada tecnología o innovación. Estas metodologías denominadas *ágiles* proponen principios simples: involucrar a los clientes en el diseño del producto,

---

[54] En la jerga de las metodologías ágiles los denominan *'earlyvangelists'* en un juego de palabras que fusiona el concepto de adoptadores tempranos y de 'evangelizadores', haciendo referencia a que a la vez comprarán y difundirán el producto para que otros lo consuman.

aprender rápidamente del mercado y pivotar el curso de acción estratégico de la compañía hacia donde lo dirige la demanda. Esto requiere una disposición contraintuitiva por parte de los emprendedores: rever y desechar el modelo de negocios tantas veces como sea necesario. La propuesta metodológica de *lean canvas* es enfática en este punto: la receta es iterar de un plan A hasta un plan que funcione, antes de quedarse sin recursos (Maurya, 2010).

LiZys entró al mercado comercializando productos: nanopartículas magnéticas funcionarizadas. "Estas consistían en las mismas que ofrecen otras empresas y EBT en el mundo. Probablemente, las nuestras poseen un estándar de calidad y precio que las hacen competitivas", señala al respecto Zysler, y agrega que "rápidamente vimos que este modelo de negocios no puede funcionar ya que cada posible cliente de esta tecnología tiene requerimientos distintos, por lo que cambiamos nuestra propuesta de valor a 'nanopartículas a pedido'", dando cuenta de un primer viraje de productos estandarizados a productos personalizados y diseños a medida.

Aun así, la dinámica del 'cuadrante suicida' se seguía imponiendo. Las estrategias tradicionales del marketing no funcionan en él. No puede estudiarse al mercado a partir de técnicas de segmentación, sino que es necesario 'desarrollar' uno a uno a los clientes potenciales. "Notamos que el mercado 'no sabe que nos necesita'", enfatiza Zysler, y agrega que "eso significa que muchas empresas y/o emprendimientos desean innovar en sus productos, pero no tienen el conocimiento o no han realizado pruebas de concepto (por falta de oportunidad o de material) para que nos requieran como proveedores".

Esto los impulsó a un tercer enfoque de mercado, migrando de una oferta de productos a una oferta de servicios. En palabras de Zysler, "aprovechando nuestra versatilidad y dinámica en el tema nanotecnológico, readaptamos nuestra propuesta de valor a 'servicios de soluciones y/o innovación basada en nanotecnología'", entendiendo la oferta como una suerte de muñeca rusa: "cada una de las propuestas incluye a la anterior ya que la solución se basa en un material magnético nanotecnológico desarrollado *ad hoc*, que finalmente sería producido en escala". Encarnando el paradigma de desarrollo de clientes, los emprendedores manifiestan abiertamente: "existe un mercado potencial pero debemos crear nuestro mercado".

Planificar, probar, iterar

Las nanopartículas no están tipificadas en el nomenclador de productos del comercio exterior. Tampoco las alcanzan las regulaciones internas y, tal como sucede con tantas otras áreas de frontera tecnológica, la legislación corre por detrás a su desarrollo productivo y comercial, obstaculizando el desempeño de las empresas que quieren insertarse en el rubro.

Dada la versatilidad de los productos nanotecnológicos, LiZys se vio impelida a optar tempranamente por mercados potenciales definidos. Exploraron las implementaciones médicas, forestales, y ambientales. En su desarrollo de clientes sólo tuvieron una constante: el cambio. La adaptación a los clientes y a los mercados en que cada uno se inserta los llevó a "evolucionar en el modelo de negocios en forma rápida y dinámica, cambiando a propuestas de valor que se adapten a cada potencial cliente", según manifiesta Zysler para agregar que "es importante mencionar este punto: para un emprendimiento como el nuestro el mayor mérito es la adaptabilidad a las diferentes necesidades de los clientes". Y sentencia: "Como anécdota, en algunos meses, luego de la creación de la empresa, cambiamos nuestro plan de negocios como tres o cuatro veces, y algunos de estos fueron cambios radicales".

La vinculación directa con otras empresas del rubro les aportó información sobre qué cursos de acción podían prosperar y cuáles los llevarían a vías muertas.

"Con la experiencia inicial de conocer que un producto de uso médico requiere años para su aprobación y futura comercialización, decidimos que nosotros no debemos estar involucrados en ese proceso. Si así lo hiciéramos, significaría la quiebra de la empresa antes de salir al mercado, ya que se requeriría una fuerte inversión para que un producto pudiera llegar, muy a futuro, al mercado. De hecho, en una visita a Europa previa a la creación de la LiZys, tuvimos contacto con un emprendimiento europeo que tenía este plan de negocio y naufragó, aun después de haber sido premiados y beneficiados con enormes subsidios de la Unión Europea", manifiesta

Zysler, y añade: "en cambio, también hemos contactado otras empresas que, a pesar de nacer con este plan de negocio, se adaptaron a la realidad y cambiaron su propuesta de valor y su modelo de negocios, logrando sobrevivir".

El caso de LiZys ilustra los pros y contras de ingresar a un mercado innovador y con potencial expansivo. Las compañías que lo hacen, por un lado, tienen la ventaja de aprovechar esa energía incremental para impulsar su crecimiento, y por el otro tendrán que lidiar con el desarrollo de clientes que no conocen el producto, con un marco regulatorio inexistente o adverso, y con la exigencia de hacer cambios rápidos a partir de la demanda antes de quedarse sin recursos.

5

Una cuestión de recursos

A no dudarlo. Emprender es cuestión de recursos. No se puede impulsar un proyecto con impacto sin proveerse de una gran cantidad de recursos para potenciarlo. Sin embargo, con frecuencia, tanto emprendedores como técnicos muestran una mirada sesgada sobre este tema, reduciendo la necesidad al capital financiero, exclusivamente. De hecho, tal como profundizaremos en el capítulo centrado en el acompañamiento institucional a emprendedores, muchos programas de apoyo fueron diseñados sobre la premisa de que facilitando el acceso a dinero o recursos materiales, se fortalecería de forma directa la empresarialidad.

Los emprendedores tienen sus propias razones para ser reduccionistas a este respecto. Usualmente invierten mucho tiempo y energía en el desarrollo de un producto con el que tienen afinidad, tal como detallábamos en el apartado titulado "Ojalá te enamores". Exagerando nuevamente este aspecto y proponiendo un emprendedor *tipo* con fines didácticos, podríamos encadenar de la siguiente manera los supuestos que conducen a un enfoque reduccionista:

a. tengo el mejor producto del mundo,
b. como es el mejor producto del mundo, naturalmente lo va a comprar *todo* el mundo, y
c. por tanto, sólo necesito dinero para iniciar el negocio y hacer que todo funcione.

Este tipo de razonamiento genera, también, un curso de acción peligroso. Los emprendedores que razonan así se concentran exclusivamente en conseguir financiamiento, vinculándose transaccionalmente con todas las instituciones y organismos que dentro de su cartera de acompañamiento tengan líneas de financiamiento blando. Suele ser el callejón de la muerte de muchos proyectos, en la medida en que no se establece una estrategia de validación del modelo de negocios, no se interactúa con los clientes para optimizar el ajuste producto-mercado, y no se sortea la brecha entre lo que financian las instituciones y el estadio de desarrollo de la iniciativa: nadie financia sólo una idea.

Con el objetivo de problematizar esta línea de razonamiento especulativo, durante los últimos años hicimos un ejercicio en diversos espacios de formación de emprendedores, capacitadores, técnicos y gestores del desarrollo emprendedor. Les solicitábamos imaginar la siguiente situación:

> Participan de un sorteo y ganan un viaje de turismo a un país remoto en el que se habla otro idioma (que ustedes no dominan). En uno de los paseos que incluye el tour visitan un área urbana de difícil acceso. Por quedarse observando absortos el paisaje y a los exóticos habitantes del lugar, pierden al grupo de turistas y al guía que los acompañaba. De repente el entorno desconocido se vuelve hostil y tienen que imaginar maneras de salir de allí por sus propios medios, con la dificultad de que, por lo intrincado de las callejuelas, no pueden hacerlo por sí mismos, sin nadie que los oriente. Dado que dejaron todas sus pertenencias en el vehículo que los transportó hasta allí, no tienen su billetera con dinero o identificación, ni teléfono móvil o cualquier otro dispositivo electrónico que pueda ayudarlos a resolver la situación.

A fin de enriquecer la reflexión, a pesar de que en el ejercicio imaginario están solos, les indicábamos que piensen grupalmente las estrategias de resolución. La actividad resultaba motivadora y los grupos proponían las más alocadas alternativas. Las formas de encarar el desafío de cada grupo fueron siempre diversas, divertidas y creativas, pero invariablemente tomaron tres vías posibles:

- Ir a algún tipo de institución a pedir ayuda. A una iglesia, a un puesto de policía, a una embajada, a un hospital, o incluso realizar alguna acción que atrajera a un patrullero o una ambulancia (con propuestas que iban desde fingir estar desmayado hasta provocar un incendio intencional).
- Pedirle ayuda a alguna persona con la que pudieran lograr empatía: a alguien que pasa por la calle, golpear la puerta de una casa o entrar a algún comercio para solicitar permiso para hacer una llamada telefónica gratis.
- Conseguir dinero por alguna vía. Desde pedir limosna en una esquina hasta hacer alguna actividad artística a la gorra u ofrecerse para trabajar en algún comercio local.

Una vez que hacían sus propuestas, les preguntábamos qué analogía podían establecer entre esta situación y las que atraviesan con frecuencia los emprendedores. Surgían comparaciones vinculadas a la incertidumbre y a la necesidad de proveerse recursos por vías alternativas para cumplir sus objetivos. Una vez que terminaba esa reflexión, identificábamos los tipos de capitales a los que habían apelado para resolver la encrucijada. En todos los casos eran:

- Capital institucional, vinculándose con alguna organización cuyo objetivo institucional estuviera ligado a ayudar a las personas ante determinadas situaciones.
- Capital social, buscando establecer un vínculo de confianza con personas que pudieran brindarles apoyo por empatía o solidaridad.
- Capital financiero, tratando de acumular una suma de dinero que les permitiera pagar algún tipo de solución.

A su vez, enfatizábamos en que cualquier acción que realizaran involucraba otro tipo de capital: el humano. Sus propias habilidades, actitudes, conocimientos y aptitudes se ponían en juego a la hora de activar los demás capitales.

De esta actividad destilábamos una lección aplicable al ámbito de los negocios: emprender es cuestión de capitales, en plural. Así lo conceptualiza Kantis (2008) al señalar que un modelo integral de acompañamiento a emprendedores debe prever instancias de fortalecimiento de cuatro tipos de capitales: el capital humano, el capital social, el capital financiero y el capital institucional. Ninguno de estos capitales, de manera aislada, garantiza el éxito de la empresa. Por el contrario, un desbalance en ellos puede ocasionar el fracaso de la iniciativa.

Aunque no los conceptualicen como diversos tipos de capitales, los emprendedores que prosperan en su proyecto, invariablemente los gestionan en paralelo. Dado que no suelen presentarse de manera equilibrada en las situaciones concretas, desarrollan estrategias para obtener los que necesitan apalancándose en los que disponen.

4C

Es habitual afirmar que los emprendedores son reorganizadores de recursos. Sin embargo, es necesario ampliar el concepto de 'recursos' señalando que en dicha palabra englobamos muy diversos activos. Insistimos en la importancia de los conocimientos, habilidades y actitudes que hacen a alguien competente como emprendedor, es decir, su capital humano. Señalamos que no pueden hacerse buenos negocios sin tener un vínculo de confianza con las personas indicadas, y una nutrida agenda de contactos, es decir, redes de apoyo, *networking*, capital social. Vivimos en un mundo en el que las organizaciones desempeñan un papel importante, y muchas actividades están mediadas por procedimientos formales y personas jurídicas. Por lo que, a través de la vinculación con organizaciones especializadas, los emprendimientos acumulan capital institucional. Y, por supuesto, no es posible avanzar sin reunir suficientes recursos materiales tales como dinero, maquinarias e infraestructura, es decir, capital financiero.

Vamos a definir brevemente cada capital, a fin de explicitar cómo los conceptualizamos, para profundizar el análisis y facilitar la interacción entre ellos:

- *Capital Económico*: este tipo de capital está relacionado con la disponibilidad de recursos económicos (dinero, bienes, activos financieros, etc.). Está ligado de forma directa a la adquisición de bienes y servicios. En última instancia, se remite al dinero y es el tipo de capital que usualmente se identifica como el más necesario.

- *Capital Humano*: el capital humano hace referencia a la "interioridad" del sujeto y a las capacidades de cada persona relativas a su formación, a su acervo cultural, a sus aptitudes, conocimientos y experiencias. Se cuentan dentro de este tipo de capital las "competencias emprendedoras" (es decir, los conocimientos, habilidades y actitudes que hacen a una persona competente para ser emprendedor).

- *Capital Social*: el capital social se refiere a los vínculos interpersonales, basados en la confianza, que se establecen entre los seres humanos. Las redes sociales, en el sentido más amplio del término, se referencian con este tipo de capital. A través del vínculo con otros accedemos, a su vez, a los demás tipos de capital (recursos económicos, información, conocimientos, etc.). El acceso a nuevos mercados y las relaciones comerciales muchas veces se soportan sobre lazos de confianza.

- *Capital Institucional*: este tipo de capital se interpenetra con el anterior porque, en última instancia, las organizaciones están conformadas por personas, hay vínculos que trascienden el ámbito personal y se institucionalizan, referenciándose en procesos burocráticos. Muchos emprendedores desarrollan vínculos estratégicos con instituciones que cubren algún tipo de necesidad de sus proyectos (conocimientos técnicos, financiamiento, etc.). Muchas veces, el capital institucional también aporta *capital simbólico* a los emprendimientos que detentan una relación formal con una institución de renombre (por ejemplo, ganando un concurso prestigioso, accediendo a un premio para iniciativas innovadoras, participando de un proceso de incubación o de aceleración, etc.).

Cada proyecto requiere diversas combinaciones de los mencionados capitales. Mientras que algunos emprendimientos son capital-económico intensivos (por ejemplo, los emprendimientos que se insertan en economías de escalas con unidades mínimas rentables muy altas), otros son capital-humano intensivos (por ejemplo los emprendimientos tecnológicos en todas sus ramas), y muchos son capital-social intensivos (como los emprendimientos centrados en asesoramiento, comercialización o intermediación). Y siempre son los emprendedores los que administran y combinan los diversos tipos de capitales, o lidian con la falta de alguno de ellos.

Surge de este análisis una alerta directa para los emprendedores que atraviesan –y técnicos que acompañan– el proceso emprendedor. En la contabilidad de capitales que detenta el equipo fundador no debe haber una, sino cuatro columnas. Evaluando el tipo de proyecto y la combinación de capitales requerida para impulsarlo, hay que establecer una estrategia consistente para incrementarlos.

De los cuatro capitales requeridos, sólo el capital financiero es transferible de forma directa. Basta con tener el número de cuenta de una persona y realizar una operación bancaria para que el dinero llegue a su destino. Sin embargo, los vínculos de confianza se construyen en primera persona. Puedo presentarle un amigo a un proveedor o acompañarlo a una institución, pero tendrá que establecer su propio vínculo de confianza. Y lo mismo aplica al capital humano: puedo codificar algunos conocimientos y comunicarlos al alguien más, pero el ejercicio de aprendizaje o desarrollo de habilidades es un camino que se transita individualmente.

En este anclaje personal de los capitales, es importante reflexionar sobre la reciprocidad del capital social y del institucional. Los vínculos de confianza están basados en expectativas mutuas. Así como los emprendedores esperan algo a cambio de su inversión de tiempo y energía para relacionarse con actores clave o instituciones, estos esperan, a su vez, algo del emprendedor. A diferencia de una línea de financiamiento bancario que sólo pretenderá el repago del crédito con intereses, las instituciones de promoción del desarrollo emprendedor buscarán potenciar su imagen institucional a partir del éxito de los proyectos vinculados con ella, y las personas que apoyan desinteresadamente el proyecto buscarán retribuciones no económicas, tales como reconocimiento y gratitud.

Tener una estrategia eficaz para gestionar los diversos capitales es una de las prioridades de todo equipo emprendedor y, dado que la acumulación de cada capital requiere habilidades personales muy diversas entre sí, en los equipos sólidos cada rol recae en el referente con mayor aptitud para desempeñarlo. Conseguir, reorganizar y administrar capital financiero requiere habilidad económica, inclinación a los números y afección a las hojas de cálculo. Incrementar los vínculos estratégicos y gestionar el capital social requiere capacidades de comunicación efectiva y la habilidad para encontrar o provocar situaciones indicadas para vincularse con actores clave. Incrementar el capital institucional requiere cierta gimnasia para sortear los procesos de selección que implementan las organizaciones para captar sólo los mejores proyectos.

A su vez, no hay compartimentos estancos que dividan los diversos tipos de capitales. Por el contrario, todos son medios y fines al mismo tiempo. Tener un saber técnico específico determinado (capital humano) o un reconocimiento por haber ganado determinado certamen (capital simbólico e institucional) hará que determinadas personas estén dispuestas a vincularse con nuestra iniciativa (incrementando el capital social) y que algunas líneas u organizaciones de capital emprendedor quieran apoyarla (aportando capital financiero). A la inversa, desarrollar una empresa exitosa que velozmente genera ingresos altos (capital financiero), llamará la atención de diversos actores que nos convocarán a determinados círculos (capital social) y certámenes o eventos (capital institucional). Ningún capital presupone a los demás, pero todos están fuertemente entrelazados.

La Alazana Whisky

Néstor Serenelli era un comerciante exitoso de la localidad de Bariloche. Como hobby, disfrutaba de elaborar bebidas espirituosas para degustar con sus amigos. Allá por 2011 elaboró whisky por primera vez. Pero un día decidió profesionalizarlo y fusionando el esfuerzo con la pasión nació *La Alazana*, una destilería especializada en la elaboración de whisky *single malt* que no tardó en cosechar prestigiosos premios internacionales, además de ser la pionera en Sudamérica.

Definir dónde se emplazaría *La Alazana* era una prioridad. El lugar tenía que garantizar la calidad del agua y reunir determinadas condiciones climáticas. Muchos lugares de Patagonia reunían esas condiciones, pero tenían que encontrar *el* lugar. Su esposa Lila, de profesión kinesióloga, se especializa en tratamientos con equinoterapia. La crianza y adiestramiento de caballos es un prerrequisito para esa disciplina, así que la vida en el campo también estaba muy cerca para ella.

No tardaron en pensar que las dos actividades podrían realizarse en un mismo predio. La idea de radicarse en un lugar que les permitiera hacer un cambio de vida para dedicarse a tiempo completo a sus pasiones comenzó a rondarles en la cabeza y a cobrar cada vez más fuerza hasta impulsarlos a la acción.

Nadie hace whisky de la noche a la mañana. *"Empezamos como jugando, empezamos divirtiéndonos, haciéndolo en casa. Haciéndolo para nosotros. Embarrilándolos en barriquitas de cinco litros. Después decidimos seguir investigando sobre el tema y viajamos a Escocia, a Irlanda, a Gales. Empezamos a conocer destilerías. A adquirir conocimientos. A definir qué queríamos hacer, a determinar qué tipo de whisky era el que queríamos. Finalmente, nos decidimos por el whisky de malta, de estilo escocés, con un sistema de doble destilación"*, explica Néstor Serenelli.

La primera inversión que realizaron fue para incrementar su capital humano, adquiriendo formación técnica vinculada a la producción. Si iban a hacer un whisky de calidad internacional tenían que instruirse con los mejores. Aprendieron sobre granos y maltas en el Canadian International Grains Institute (CIGI). Fueron descubriendo los secretos de la malta en el Canadian Malting Barley Technical Centre (CMBTC) de Canadá y en base a lo aprendido pudieron desarrollar su maltería propia. En el International Centre for Brewing and Distilling (ICBD) de la Heriot-Watt University de Escocia, Lila obtuvo un Diploma de Posgraduación de cuatro años en elaboración de cerveza y destilación.

De la mano de la formación incrementaron notablemente sus redes de contactos vinculados a la producción de whisky. Conocieron a los referentes de destilerías notables. Entre las que visitaron se destacan *Kilbeggan* (Kilbeggan, Irlanda), *Daftmill* (Fife, Escocia) y *Bruichladdich* (Islay, Escocia). Aprendieron de la elaboración y del negocio 'desde adentro', interactuando con verdaderos maestros.

Una de las personas más influyentes en su formación fue el *former master distiller* de Bruichladdich, Jim McEwan, quien, entre reacciones químicas y fórmulas de destilación, los puso en contacto con la dimensión humana de la producción.

McEwan los conectó con un linaje centenario de especialistas que destilaban bebidas espirituosas desde mucho antes de que se desarrollara la química moderna. En términos de formación, esto los marcó a fuego: si iban a hacer whisky, lo harían honrando la tradición y buscando la excelencia.

La marca elegida debe su nombre a una yegua muy querida de la familia, la Alazana. Pero alazán es también un color. Un tinte rojizo, similar al de un whisky intenso. Así, el *naming*[55] reunió las dos pasiones del matrimonio: caballos y bebidas. Y para vincularlas, la inversión en bienes de capital se centró en la compra de la tierra, en la construcción de la infraestructura y en el desarrollo del equipamiento necesario para llevar adelante el ciclo productivo. Esta inversión se apalancó en ahorros y recursos propios logrados a partir de otras actividades comerciales y profesionales.

Además de construir las instalaciones de la fábrica siguiendo las exigencias de la Municipalidad, de Bromatología provincial y del Instituto Nacional de Vitivinicultura (INV) que fiscaliza las producciones alcohólicas en Argentina, tenían que diseñar equipos especializados que no se consiguen en el mercado local. En función de los conocimientos y experiencia adquiridos en sus años de formación, los destiladores y el equipamiento en general fueron diseñados por los fundadores y fabricados íntegramente en Argentina. Para hacerlo, fueron necesarios sólidos conocimientos técnicos.

El esfuerzo por lograr la máxima calidad tuvo sus frutos. Las expectativas de una destilería de whisky *single malt* en Patagonia comenzaron a crecer entre los aficionados y en el ámbito especializado. A partir de los vínculos y de la estrategia de difusión de los emprendedores, en 2012 *La Alazana* ya aparecía en publicaciones internacionales vinculadas al whisky y "le llovían" consultas de importadores de Estados Unidos, Rusia, Taiwán y Japón.

"Nuestro nuevo desafío fue comenzar desde el principio de la cadena de valor del whisky, logrando una excelente calidad de cebada para obtener el mismo resultado en el producto final. Estamos convencidos de que el whisky debe considerarse como una bebida que comienza en la tierra, no en un laboratorio; y por eso hay que vincularlo directamente con el campo", señala Lila. Y agrega: *"Trabajamos para lograr tener la primera cebada para whisky sembrada*

---

[55] El *naming* es un anglicismo que se refiere a la rama de la mercadotecnia que se especializa en la decisión estratégica del nombre que deben llevar las compañías, marcas y productos. Por esto, es considerada una parte fundamental de la construcción y desarrollo de marca (o branding).

y malteada en el país. La semilla es británica y son variedades que fueron desarrolladas específicamente para whisky. Acá se siembra cebada para malteo, pero siempre para cerveza".

A la luz de los resultados, podría pensarse que el éxito de *La Alazana* fue un camino fácil y sin contratiempos. Sin embargo, su trayectoria se consolidó sorteando múltiples obstáculos.

La Alazana desarrolló una virtuosa conjugación de capitales para la puesta en marcha y posicionamiento del emprendimiento. Los emprendedores trazaron una estrategia de formación que incrementó fuertemente su capital humano y su capital social. El capital institucional y simbólico se fue desarrollando a partir de la calidad obtenida, reconocida mediante premios internacionales. Una vez que se fue logrando prestigio, las instituciones de fomento de la producción en el ámbito regional buscaron vincularse con la empresa y pusieron a disposición sus servicios.

¿Botas con o sin tiras?

Una constante en el mundo de los negocios: por regla general, en sus inicios los emprendedores tienen menos recursos que los que necesitan para poner en marcha, consolidar y escalar sus proyectos.

Hace unos años, el disertante mexicano Enrique Gómez Gordillo disparó la siguiente frase interpelando a su público: "quien no es capaz de hacer dinero sin dinero, no es capaz de hacer dinero con dinero". Ante la falta de dinero, los emprendedores apelan a conseguir recursos por vías alternativas, y a esta estrategia se la denomina con la voz inglesa *'bootstrapping'*. El concepto se origina en un episodio de *Las Aventuras del Barón de Münchhausen* en el que el protagonista sale de un pozo profundo jalando de las tiras laterales de sus botas (o *bootstraps*), por lo que metafóricamente se lo relaciona con la capacidad de resolver situaciones con los recursos que están más a la mano. En el ámbito del emprendimiento, el concepto remite a impulsar las fases de puesta en marcha y desarrollo inicial con la menor cantidad de dinero posible, y es usual observar cómo los fundadores compran equipos usados, consiguen bienes prestados, gestionan adelantos de clientes o crédito de proveedores, usan sus propias tarjetas de crédito e, incluso, se financian a través de ingresos logrados en trabajos en relación de dependencia o mediante la creación de "empresas puente" para capitalizarse e impulsar sus proyectos más ambiciosos.

Pero la frase de Gómez Gordillo encierra un sentido más profundo. Remite a la habilidad de 'hacer dinero'. Parecerá un sinsentido esta afirmación, pero muchos emprendedores en realidad no tienen una inclinación fuerte o una habilidad especial para hacer dinero. De hecho, hacer dinero no entra entre los principales puestos de las motivaciones que los impulsan a emprender. En muchos casos, priorizan 'hacer las cosas a su manera' a costo de no ganar más, y no están dispuestos a modificar el producto o el modelo de negocios aun cuando se los exija la demanda y en esta exigencia se encuentre la oportunidad.

Pero, para no caer en un pensamiento reduccionista en torno a un tema tan sensible para la dinámica emprendedora, en este apartado es necesario esclarecer qué lugar ocupan los recursos en el proceso de detección, evaluación y aprovechamiento de oportunidades de negocio.

Harvard Business School (HBS) define emprendimiento como "la búsqueda de oportunidades más allá de los recursos actualmente bajo control", manteniendo en su enfoque la idea de que, en el proceso emprendedor, la oportunidad adviene de manera previa y más allá de los recursos que el emprendedor tiene bajo control, por lo que una de sus primeras tareas será reunirlos y reorganizarlos para aprovecharla.

Discutiendo abiertamente con la definición de la HBS, Isenberg (2013) insiste en que la "oportunidad a veces sólo existe por los recursos actualmente bajo control, incluso si solo es la creencia o percepción de que controlo ciertos recursos, o porque sé que puedo adquirirlos". Todos hemos escuchado la frase "el dinero llama al dinero" y sabemos que hay oportunidades que sólo se presentan ante quienes disponen de los recursos necesarios para aprovecharlas. Pero Isenberg (2013) va más allá y subjetiva su propuesta, remitiendo la disponibilidad de recursos al fuero interno. Para él, los recursos son una suerte de anteojos a través de los cuales los emprendedores ven el mundo, y las oportunidades se presentan sólo ante quienes tienen el color de cristal adecuado: "La percepción impulsa la oportunidad tanto como la oportunidad impulsa la percepción. Una necesidad del mercado es una oportunidad solo si puede (y desea) abordarla".

Todos tenemos ante la vista, todo el tiempo, múltiples necesidades físicas y espirituales de la sociedad. Para ejemplificarlo con un serio problema de la industria de los alimentos: diariamente se pierden miles de toneladas de alimentos frescos y envasados por degradación o caducidad. La fecha de vencimiento está atada a la tecnología de conservación que se dispone en un momento determinado. Imaginemos en torno a esta situación diversos mundos posibles, en función de cómo podría presentarse el tema desde la perspectiva de personas con distintas formaciones e inclinaciones:

a) Para la mayoría de nosotros, sin recursos específicos vinculados a este campo, este problema no representa oportunidad alguna. Simplemente lo padecemos. No despierta nuestra percepción ni nos impele a ningún curso de acción.

b) Para un biotecnólogo, un biólogo molecular o un nanotecnólogo vinculado a un laboratorio o instituto de investigación, este problema podría disparar la iniciativa de –por ejemplo– crear 'biosensores' o nanodispositivos compactos de análisis para detectar agentes de degradación, o desarrollar 'bacteriocinas' como agentes antimicrobianos.

c) Para un emprendedor social con inquietudes vinculadas al tema, probablemente la conservación de alimentos en sí no represente una oportunidad de desarrollo tecnológico para alargar la vida útil, pero sí una ocasión para gestionar solidariamente los alimentos antes de que salgan de circulación. Así, después de todo, nacieron los Bancos de Alimentos[56].

d) Para un ingeniero nuclear o un ingeniero en alimentos con conocimientos específicos y acceso a esta tecnología, la problemática de conservación puede despertar la investigación sobre cómo volver más eficientes los procesos de radiación ionizante para optimizar la duración de los alimentos irradiados.

Podríamos continuar imaginando ejemplos, pero ya fueron suficientes para ilustrar el punto. Los recursos bajo control, o los que 'tengo a la mano' y puedo controlar fácilmente, dicen mucho sobre el tipo de iniciativas emprendedoras en las que tendré aptitud para conformar y explotar oportunidades. En todos los casos, la propuesta estará ligada al acceso a determinados recursos tales como conocimientos, habilidades, equipamiento, infraestructura, redes de contactos, soporte institucional para darle soporte a la iniciativa, etc. Y seamos enfáticos en esto: la carencia de recursos específicos hace que las situaciones de entorno no representen oportunidad alguna.

Volviendo a la propuesta de Sarasvathy (2008), el punto de partida está ligado a tres preguntas clave: ¿quién soy? ¿Qué sé? ¿A quiénes conozco? Sin dudas, estos son los recursos sobre los que invariablemente tenemos mayor grado de control, porque conforman nuestro capital humano y social. A no engañarse: no son preguntas que los emprendedores necesitan hacerse de manera explícita para identificar oportunidades o diseñar cursos de acción para aprovecharlas. Muy por el contrario: las respuestas tácitas que se den a sí mismos operarán, como un telón inconsciente –o *a pesar*– de los razonamientos conscientes que pueda hacer en relación a las circunstancias de entorno en busca de oportunidades. Se presentarán ante su campo de visión sólo las situaciones para las que disponen algún tipo de recursos

---

[56] https://goo.gl/Jf893t

para satisfacer. En palabras de Isenberg (2013): "puede que ni siquiera note una necesidad del mercado si no creo tener la capacidad de satisfacerla".

Claramente, en un proceso tan personal e individual radica la profunda diversidad de puntos de partida y condiciones de base, tan disímiles como seres humanos hay en el planeta tierra. Por eso es que, ante desafíos similares, las propuestas de valor de diversos emprendimientos resultan tan diferentes entre sí.

Volviendo al inicio del apartado, los emprendedores enfrentan inevitablemente la tarea de conseguir y reorganizar *más* recursos que los que disponen *a priori* para impulsar sus iniciativas. Los proyectos ambiciosos son verdaderos agujeros negros de capital. Los diversos capitales son el combustible que los impulsa. Pero jamás parten del vacío. La ignición requiere un plafón de recursos de base, inherentes al equipo fundador. Sólo pueden hacer *bootstrapping* quienes *ya* cuentan con ciertos recursos-núcleo para configurar y aprovechar una oportunidad. Para impulsarme jalando de las orejas de las botas, tengo que tener botas con *bootstraps*. El capital humano y el capital social personal son las botas; el punto de partida del salto y de cualquier recurso posterior.

STAR SRL

Ezequiel 'Queque' Parodi es un emprendedor patagónico. A los seis años soldaba cables para vender en el negocio de electrónica de su padre. Cuando terminó la secundaria, el mandato de cursar estudios superiores se impuso y se recibió de Licenciado en Marketing. Pero su verdadera pasión era la montaña, y el *snowboard* su forma de vincularse con ella. Las pistas convencionales de los centros de ski no representaban suficiente desafío para él, por lo que comenzó a bajar por fuera de pista cada vez más extremos, y hasta surfeó el cráter de un volcán en Chile. Como *snowboarder* profesional vivió varios años de organizar eventos y ser *rider* de una de las marcas líderes del rubro. Pero para lograr buenas fotografías y videos en las inhóspitas laderas de las montañas que bajaba necesitaba filmar desde el aire, por lo que contrataban a un helicóptero para que lo siguiera. Por el costo de la hora de vuelo, cada fotografía terminaba teniendo un precio prohibitivo.

En 2009 leyó una noticia sobre los vehículos aéreos no tripulados (VANT) y enseguida intuyó que esa sería la solución. Compró por internet el modelo que le pareció más apropiado, le adaptó una cámara GoPro y lo transportaron en su caja cuesta arriba, junto con las tablas y mochilas. Lograron buenas tomas, pero la batería sólo duraba unos pocos minutos de vuelo, costaba mucho maniobrarlo con los fuertes vientos de los cañadones y casi era imposible aterrizarlo en las piedras sin dañarlo.

Buscar nuevos desafíos en la montaña era irrenunciable; eso le dictaba su pasión. Tomar buenas imágenes era fundamental para que la marca siguiera sponsoreándolo; eso le dictaban sus conocimientos de marketing. Y el *drone* podía ser optimizado; eso le dictaban sus conocimientos de electrónica. Así, se dispuso a diseñar un VANT con mayor autonomía y portabilidad. Claro que no era tan simple: para poder hacer piezas a medida y más livianas diseñó su propia impresora 3D.

Tras varios prototipos y ensayos, el resultado fue un *drone* liviano y plegable, que se podía atar al dorso de cualquier mochila. También podía cargar una cámara de hasta 1,5 kg para mejorar la calidad fotográfica, y volar sin descender durante 40 minutos (un 300% más que los *drones* disponibles en el mercado), aún con vientos de 75 km/h.

Sólo a partir de las capacidades ancladas de Queque, con una explosiva combinación de marketing, electrónica, y deportes de montaña, se puede explicar el desarrollo de un producto con prestaciones tan específicas para esas condiciones extremas. Ser sólo deportista hubiera significado una necesidad, pero no una oportunidad. Saber de marketing, pero no de tecnología, hubiera sido insuficiente. Y saber de tecnología, pero no tener presentes los requerimientos del vuelo en alta montaña, no hubiera disparado ninguna aplicación orientada a ese segmento. Pero todos esos saberes, batidos en la coctelera del capital humano del emprendedor, lograron un desarrollo innovador.

Pero ese sólo fue el inicio de la historia. El paso siguiente fue encontrar otros nichos de mercado con requerimientos similares y así surgió el *drone* Fénix 3D, un modelo apto para condiciones de riesgo climático tales como incendios forestales o erupciones volcánicas, desarrollado en convenio con el Centro de Investigación y Extensión Andino Patagónico (CIEFAP) con apoyo del Ministerio de Ciencia y Tecnología de la Nación. Durante el año pasado fundó su propia compañía y recientemente logró fondearse para impulsar el desarrollo comercial de nuevos productos.

Cristales empañados

En función de lo que fundamentamos en el apartado anterior, podría pensarse que los recursos bajo control son siempre un factor positivo en la percepción, evaluación y aprovechamiento de oportunidades de negocio. Sin dudas son los anteojos con los que los emprendedores miran el mundo. Pero a veces están empañados. Podríamos decir que proyectan y a la vez limitan la percepción.

Con el objetivo de destrabar las limitaciones autoimpuestas en torno a los recursos, inventamos una actividad muy simple, que propusimos a emprendedores, formadores, técnicos y gestores del desarrollo emprendedor en múltiples espacios de capacitación. Una vez que conceptualizábamos los diversos tipos de capital e insistíamos en la importancia del capital humano y del capital social, afirmando "dado que están de acuerdo en que la falta inicial de dinero no es una limitante para emprender", les pedíamos que identificaran grupalmente negocios que pudieran hacer con una suma mínima de dinero (por ejemplo, cien pesos argentinos).

Con todos los públicos, sin importar el grado de formación o su experiencia emprendedora previa, surgía más o menos el mismo tipo de propuestas. Usar los $100 para comprar un par de kilogramos de harina, hacer pan casero y venderlo a conocidos; comprar jugos para hacer hielo saborizado y vendérselo a los niños del barrio; comprar hilos de colores, tejer pulseras y venderlas en la playa; comprar semillas de tomate, plantarlas y luego vender los frutos; etcétera. Los más osados vinculaban la propuesta a servicios. Algunos sugerían prestar el dinero a cambio de intereses. Otros sugirieron comprar talonarios de rifas y organizar un sorteo. Y, en particular quienes tenían un saber técnico específico, proponían utilizar los fondos para hacer publicidad gráfica u online para dar clases, ofrecer consultorías, etc.

Una vez que cada grupo contaba a los demás su propuesta, introducíamos un concepto clave: el costo de oportunidad. Dado que emprender tiene como costo de oportunidad lo que podría ganar en otra vía de inserción laboral, proponíamos fijar un estándar mínimo de ingresos comparable a un trabajo en relación de dependencia. También reflexionábamos sobre la escala de un emprendimiento promedio, que requería una facturación mínima de 'X' para ser rentable. Y les proponíamos una segunda actividad grupal: sin modificar la idea original que habían propuesto, tenían que transformarlo en un negocio que facturase no menos de 'X'. Por ejemplo, de $3.000.000, o de $5.000.000 en su primer año.

El resultado era siempre e inevitablemente el mismo: el colapso total de las propuestas originales. Con mucho esfuerzo trataban de incrementar la productividad. Dado que no podían modificar el punto de partida original, lo que había iniciado como el horneado de 10 panes en la cocina domiciliaria se transformaba en una panadería clandestina en la que debían trabajar 24 horas al día para llegar a un nivel de productividad razonable. En vez de trenzar y vender pulseras de forma directa proponían dedicarse exclusivamente a la producción e incorporar vendedores callejeros a porcentaje. O proponían atraer a otros capacitadores o consultores para que dictaran cursos día y noche a comisión. Y en vez de vender rifas o prestar dinero proponían esquemas financieros que se parecían mucho a peligrosas versiones alternativas de la pirámide de Ponzi.

En definitiva, en intentos desesperados para hacer rentables modelos de negocio que tenían dificultades congénitas para serlo, migraban a soluciones extremas que volvían ilegales o fuera de norma a las iniciativas, se aprovechaban de empleados mal pagos y/o se transformaban ellos mismos en trabajadores esclavos de sus propios emprendimientos.

Por alguna razón cultural, a la mayoría de nosotros nos domina el impulso a pensar negocios *limitados* a los recursos financieros que tenemos bajo control, aun cuando intelectualmente reconocemos que la regla general de los proyectos escalables es su necesidad invariable de recurrir a capital externo. El ejercicio que proponíamos dejó esa tendencia en evidencia cada vez que lo implementamos. Si nuestra consigna hubiera sido 'piensen en negocios que puedan hacer con *cero* pesos', sin dudas a los participantes se les habrían ocurrido ideas mucho más interesantes, en la medida en que hubiesen tenido que descartar el capital financiero propio como variable, y apelar a sus demás capitales. Pero tener delante de sus ojos un monto mínimo de capital económico operaba como un factor restrictivo, y sus propuestas se ceñían en algún aspecto a dicha disponibilidad.

Los proyectos con potencial requieren grandes montos de inversión y, en muchos casos, sumas que están muy por encima de los recursos materiales que los fundadores tienen bajo control. Hay un riesgo allí. La brecha entre la inversión requerida para que el negocio sea interesante y el capital bajo control del equipo fundador pueden deformar la percepción, como cristales empañados que nublan el camino, tentando a tomar una bifurcada peligrosa: 'achicar' el negocio a la medida de los recursos disponibles. Entiéndase bien: esta reacción no es una estrategia de *bootstrapping* ni un comienzo *lean*. En la mayoría de los casos implica cercenar la viabilidad del proyecto en la medida en que se inicia con una escala en la que el negocio deja de ser interesante. Hay que estar doblemente atentos a ese mecanismo mental para prender una luz de alerta si se activa en nuestras mentes. El desafío es identificar la escala adecuada para la puesta en marcha, la inversión requerida y las estrategias de fondeo para conseguirla. El uso intensivo de los demás capitales resulta clave para destrabar el potencial.

Una aproximación sistémica al capital emprendedor

Tanto subjetivismo y enfoque de múltiples capitales puede llevar a pensar que relativizamos la importancia del capital financiero en el ámbito de creación de empresas. Nada más lejos de nuestra intención. Sin dinero no es posible emprender. Al menos, no es posible emprender con impacto. Angelelli y Prats (2005) son taxativos: "el acceso a financiamiento y capital es de particular importancia para montar la empresa y para los primeros años de existencia". Sin embargo, persisten algunos mitos sobre la capitalización de empresas nacientes que conviene despejar para evitar malas prácticas y pérdidas de tiempo y energía en la impulsión de proyectos.

Mito: si hubiera más líneas de financiamiento blando para emprendedores, se crearían y se consolidarían más empresas.

Error. Tal como ampliaremos en el apartado sobre acompañamiento institucional a emprendedores, ese fue el primer reflejo de políticas públicas orientadas al desarrollo emprendedor. Si funcionaba para las PyME, seguro funcionaría también para los emprendimientos. 'Instrumentemos subsidios y créditos blandos' fue el reflejo natural de decisores políticos y técnicos en diversas organizaciones y dependencias estatales. Y los emprendedores acudieron ante la tentadora oferta. Pero surgen varios problemas asociados a esas iniciativas. ¿Quién decide, y con qué criterios, a quién se otorga financiamiento y a quién no? ¿Cómo puedo evaluar *ex ante* el éxito de las iniciativas a financiar? ¿Cómo saber *a priori* si el equipo emprendedor tendrá las capacidades para llevar adelante su propuesta de negocio? ¿Cuál es la mejor forma de recepcionar los proyectos?

Un 'es el mercado, estúpido' abofetea permanentemente a las *startups* y al lanzamiento de nuevos productos. Los manuales de marketing están repletos de ejemplos de inversiones millonarias de grandes compañías en el lanzamiento de productos que sólo duraron semanas. *Fuck Up Nights* está plagado de testimonios de fracaso de nuevas empresas bien fundadas, y *The State of Failure* (2017) compila los datos agregados. No es el dinero de respaldo sino la aceptación del mercado y la sustentabilidad del modelo de negocios lo que marca el éxito de un emprendimiento. Es el mercado el que separa la paja del trigo. Pero 'el mercado', esa expresión que suena tan abstracta, son personas de carne y hueso dispuestas –o no– a sacar dinero de sus billeteras para pagar los productos ofrecidos. A veces razones tan minúsculas como un color diferente, una imagen marcaria distinta, los valores que sustentan el proyecto o simplemente el carisma de los emprendedores hacen que un proyecto funcione donde otro, muy parecido en su oferta, fracasa. Puede haber indicios, pero no hay bola de cristal para saber quién tiene la carta ganadora antes de jugar la partida.

Hay que tener en cuenta que la asignación de fondos a proyectos emprendedores también conforma un mercado y –los liberales estarán contentos con la siguiente afirmación– un exceso de financiamiento blando puede deformarlo, ocasionando que se pongan en marcha empresas de 'mala calidad', destinadas a fracasar. También es un mal resultado el caso contrario: una baja disponibilidad de capital emprendedor ocasiona que buenas iniciativas no logren capitalizar su puesta en marcha y/o crecimiento. Las dos situaciones generan externalidades negativas. Pero no hay ni huevo ni gallina, siempre se trata de una relación condicional entre la calidad de los emprendimientos y la disponibilidad de capital. Así lo ilustra Isenberg (2013) en el siguiente gráfico:

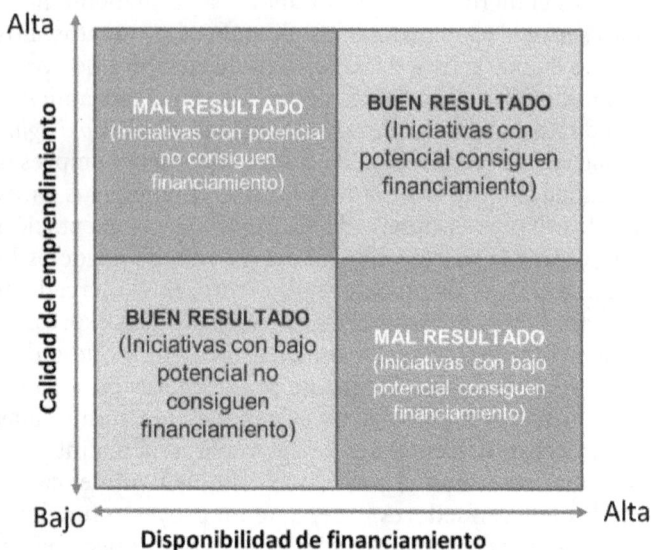

Fuente: Isenberg, 2013.

La lección es simple: mayor accesibilidad al capital financiero no es suficiente cuando no existe una oportunidad validada, o cuando los emprendedores mantienen déficits de los demás capitales. Para un emprendimiento que no tiene potencial, el acceso fácil a capital financiero resulta ser un 'salvavidas de plomo', un acelerador del fracaso en vez de una ayuda.

Hablemos del fracaso

Si bien se han avanzado varios casilleros al respecto, la desestigmatización del fracaso continúa siendo una deuda pendiente en nuestra sociedad para contribuir al fomento de una cultura emprendedora. Tenemos que entender los conceptos de *éxito* y *fracaso* en términos relativos, utilizando los objetivos propuestos por los emprendedores que lideran el proyecto como criterio último de valoración. Para explicitar la idea: el éxito es relativo a las metas establecidas por el equipo fundador.

Sin embargo, podemos ensayar una estrategia de objetivación tomando como indicador de éxito la perdurabilidad del modelo de negocios y la aceptación de los productos en el mercado. ¿Qué tiene de bueno y qué tiene de malo que una nueva empresa quede fuera del mercado y se funda? Analicémoslo en primera y en tercera persona.

Desde la perspectiva del emprendedor que vive el proceso como protagonista, el fracaso aporta una enorme cantidad de aprendizajes, pero también una cuota de frustración e impacto negativo en su entorno personal, familiar y social. Dependerá de su persistencia y resiliencia –en definitiva, de su capital humano– la forma en que digiera la situación. A algunos, el fracaso les aportará mayores aptitudes para nuevas iniciativas. A otros les dejará una sensación de 'esto no es para mí' y los alejará por completo de la carrera emprendedora.

Desde la perspectiva de terceros, el análisis es un tanto más complejo. En el campo emprendedor, uno de los principales efectos de motivación a emprender es la constatación de que personas del entorno, con capacidades análogas a las nuestras, emprenden y les va bien en lo que inician. A este efecto, Daniel Isenberg (2010) lo denomina 'ley de los pequeños números', en referencia a que un emprendedor que logra su objetivo tiene un efecto exponencial en tanto influye positivamente a muchas personas en su entorno, acercando la percepción de deseabilidad y factibilidad.

Pero, así como vale por la positiva, vale por la negativa. Si se percibe en el ámbito local que quienes emprendieron perdieron, el impacto en la cultura emprendedora regional será negativo. Asumiendo una perspectiva sistémica, la influencia de las trayectorias empresariales individuales tendrá consecuencias –positivas o negativas– en la cultura emprendedora local.

Sin embargo, no debemos caer en la simplificación de un efecto que, por ser cultural, es complejo y multidimensional. Tendemos a analizar el fenómeno empresarial polarmente, como si éxito o fracaso fueran los únicos estados posibles, pero tal como señalamos al principio, se trata de un fenómeno humano y por tanto los parámetros son tanto sociales como individuales. Lo que para uno podría ser juzgado como un fracaso rotundo, podría ser el éxito máximo esperado para otro. Las connotaciones no son blanco o negro; en las valoraciones sociales predominan los grises.

Aun así, si quisiéramos usar la retórica de ganadores y perdedores, podríamos usar una analogía con el fútbol, ámbito competitivo si los hay. Les dejamos una reflexión de Marcelo Bielsa al respecto:

> La obligación que tiene todo ser humano es rentabilizar sus opciones para ser feliz. Nosotros deberíamos aclararle a la mayoría que el éxito es una excepción. Los seres humanos de vez en cuando triunfan. Pero habitualmente se desarrollan, combaten, se esfuerzan, y ganan de vez en cuando. Muy de vez en cuando.

No todo es para todos

Fue políticamente incorrecto hablar de emprendimientos de 'mala calidad'. Acabamos de afirmar que 'éxito' y 'fracaso' son términos relativos a las expectativas y objetivos de cada persona que inicia un negocio. ¿Quién nos da la autoridad para hablar de 'malos emprendimientos'? Iniciemos la reflexión enfatizando que emprender es un proceso humano y, como toda actividad humana, está plagada de malos diseños e imitaciones desde la más remota antigüedad .Hay negocios que no nacen ligados a una oportunidad. No satisfacen una demanda real o no son técnica, legal, productiva o administrativamente viables, y están destinados a no prosperar. También están los que nacen tocados por una estrella y consiguen consolidarse y crecer rápidamente. Expanden su concepto, su organización y su producto. En estos casos, a menos que la industria tenga altas barreras a la entrada, basta con ver que determinado producto o modelo de negocios funciona para que cunda una fiebre de imitación y muchos emprendedores pretendan impulsar algo similar. Después de todo, así se crean las tendencias de producción y consumo. La palabra técnica es *copycat*, y el mundo de los negocios está plagado de *copycats* exitosos. Incluso hay *copycats* que superaron y se impusieron ante las propuestas originales que habían tomado como referencia.

Pero hay copias y copias, y el efecto duplicación tiene serios riesgos cuando no se analiza la capacidad del mercado para absorber una nueva iniciativa en el rubro, o cuando el ciclo de vida del producto está en declive. Tal vez algunos ejemplos ayuden a ilustrar el punto. ¿Recuerdan las canchas de paddle de los noventa? ¿Los locutorios? ¿Y los cibercafés? Podríamos seguir con los parripollos, las franquicias de las franquicias, y con —vamos a ganarnos enemigos con la próxima— las cervecerías artesanales. En 2017 un par de amigos se pusieron a fabricar *spinners* con sus CNC[57] e impresoras 3D un par de semanas antes de que ya nadie jugara con ellos... Creo que todos entendimos el punto. Sea por saturación del mercado o por cambios en las tendencias de consumo, algunos emprendimientos están congénitamente destinados a fracasar. Y, aceptémoslo, así como algunos

---

57 O Control Numérico Computarizado, es decir las máquinas que realizan trabajos mecanizados programados a través de ordenadores.

emprendimientos no conseguirán clientes, tampoco conseguirán financiamiento, aunque estos dos factores no estén causalmente relacionados entre sí.

Persiste el mito de que 'si la idea es buena, el dinero aparece'. Según esta creencia popular, una suerte de abracadabra financiero operaría sobre el mundo del capital, tocando con su varita mágica a los poseedores de buenas ideas. ¿Ya les contamos que las ideas valen de a centavo por millón? Pues no los sorprenderemos entonces al afirmar que nadie financia ideas. La razón es simple. Si la idea, en tanto idea, es buena y original, probablemente esté en la mente de otras cien, doscientas, mil, o un millón de personas en el mundo. Si no hay un equipo emprendedor que conforme una oportunidad a partir de lo que puede haber surgido como una idea genial, no hay ningún cariz de viabilidad en la propuesta. Vale cero. Nadie está dispuesto a financiar aquello que no está destinado a concretarse. En todo caso se financian oportunidades, proyectos, negocios, y estos se soportan sobre un grupo de personas capaces de llevarlos adelante, concretarlos, consolidarlos, expandirlos. Y, como venimos afirmando, resuelven un problema y satisfacen la necesidad de un potencial mercado que pueda estar interesado en la oferta.

Los emprendedores, y no las ideas, son el ingrediente secreto de las buenas iniciativas. Ningún emprendedor que se quede en su casa considerando que por ser poseedor de una gran idea vendrá alguien a fondearlo estará a la altura de las circunstancias. Aplica al financiamiento la misma regla que Picasso impuso para la inspiración: "tiene que encontrarte trabajando". En las estrategias de acceso a recursos, las capacidades del equipo emprendedor son puestas en juego y se fortalecen. Pero para no perder tiempo, dinero y oportunidades en ese proceso, los equipos fundadores deben entender claramente en qué terreno se están metiendo cuando buscan capital externo.

En la medida en que se fue profesionalizando el apoyo al desarrollo emprendedor, y tanto organismos públicos como ONG y capitalistas de riesgo adecuaron sus dispositivos a las necesidades del segmento *startup*, crecieron las alternativas de financiamiento, así como la segmentación y especialización de las diversas fuentes. En paralelo, se abrió una brecha insalvable entre el financiamiento orientado a proyectos dinámicos y el financiamiento apto para proyectos convencionales, lo que debe entenderse como una evolución y no como una restricción, en la medida en que se explicitan los públicos objetivos y los tipos de proyectos elegibles en cada fuente o convocatoria.

Un ejemplo de esta bifurcación es el diseño de los dispositivos de financiamiento que en Argentina integran el Fondo Fiduciario para el Desarrollo de Capital Emprendedor (FONDCE). En tanto Fondo Semilla, es la 'puerta de entrada' a la capitalización –apta para proyectos dinámicos y para proyectos convencionales– a partir de la cual se diferencian los dispositivos en función del dinamismo de las iniciativas postulantes y las etapas de desarrollo emprendedor.

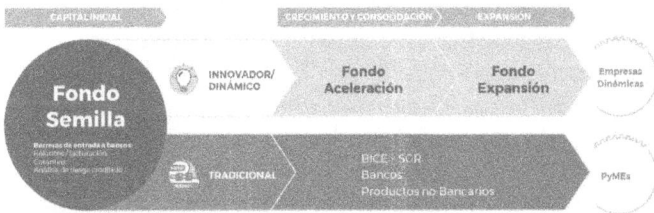

Fuente: Presentación institucional del Ministerio de Producción, 2017.

En el marco de estos procesos de especialización y segmentación del financiamiento para emprendedores, hay un mundo para pocos. Sólo los emprendimientos con potencial de crecimiento accederán a inversión de riesgo, en la medida en que estos fondos se concentran en los proyectos que ofrecen altas tasas de retorno. La niña mimada de los negocios escalables son los vinculados a las industrias digitales, biotecnología e, incipientemente, los emprendimientos tecnológicos con impacto social o ambiental. Dentro de estas verticales se generan tendencias globales que incrementan el dinamismo de la inversión en rubros específicos, tal como está sucediendo en la actualidad con las *startups* que se insertan en la generación distribuida de criptomonedas y de los sistemas de validación a través de bases de datos distribuidas (o *blockchain*). Las denominadas *tecnologías exponenciales*[58]son un campo fértil para las inversiones que buscan, a su vez, un crecimiento exponencial de su capital.

Prueba de fe

Siempre es recomendable impulsar los buenos proyectos con fondos de otros. Al menos eso reza la tradición *startup*. Pero vale la pena poner un poco de presión a quienes estén liderando la iniciativa, para evaluar el grado de compromiso con su proyecto. Antes de salir a buscar capital externo vale preguntar: ¿estarías dispuesto a vender tu bien más preciado (moto, casa, auto, joyas de la abuela, lo-que-tengas) para financiar tu propio proyecto? Si la respuesta es negativa, hay que reflexionar críticamente: ¿por qué un tercero estaría dispuesto a fondearlo?

También se da el caso de emprendedores que efectivamente se desprenden de bienes propios para iniciar sus empresas. Y en esos casos, la pregunta es otra: ¿cómo dan los números tras un análisis crítico sobre el potencial del negocio y el recupero de la inversión realizada? Para quien está motivado a emprender por múltiples razones (y ganar dinero es tan sólo una de ellas), el retorno de la

---

[58] El concepto de tecnologías exponenciales se refiere a cualquier tecnología que presenta un crecimiento exponencial en su desarrollo. Esta idea se remite a la "Ley de Moore" que fue formulada por ese autor en la década de 1960 aplicada al desarrollo informático, ante la verificación de que la velocidad de los procesadores de las computadoras se duplicaba cada año.

inversión puede no ser un punto central. Pero si un tercero aporta capital externo, probablemente mire las cosas desde otra perspectiva. Pedirá menos pasión y más números, sobre todo si se trata de un banco o una organización especializada.

El equipo en el centro

En Argentina, el financiamiento para emprendedores nació a partir del paradigma de financiamiento para PyME. A las empresas se les solicitaban los últimos tres balances y garantías suficientes como primer requisito. Pero cuando iban a abrir una nueva unidad de negocio o a lanzar un nuevo producto, había que prever los riesgos implicados, por lo que se les solicitaba que formularan un proyecto de inversión, tarea que mayormente recaía en un técnico o contador.

En el mundo emprendedor, los proyectos y empresas nuevas no podían acreditar antecedentes bancarios, y mucho menos tres balances, por lo que para evaluar su viabilidad se les solicitaba una versión narrativa y una versión numérica del proyecto, el plan de negocios. Aunque se insistía en que fueran los emprendedores quienes lo redactaran, este trabajo también solía tercerizarse. Después de todo, obtenían financiamiento sólo los que mejor escribían.

Pero el papel soporta cualquier cosa, y las capacidades para llevar adelante lo que está escrito no se reflejan fácilmente en el plan de negocios. De hecho, los inversores profesionales siempre apelaron a la misma herramienta: la interacción directa con los emprendedores, antes de decidir el fondeo.

En los últimos años se produjo un giro en este sentido. Los dispositivos de selección inicial de proyectos elegibles para financiar viraron de formatos narrativos centrados en formularios y planes de negocio a formatos de interacción directa con los emprendedores, sea a través de un *pitch*[59] presencial o de un *video pitch*. Las plataformas de financiamiento colectivo (*crowdfunding*) y la modalidad de utilizar videos o presentaciones orales cortas hicieron un gran aporte en el desplazamiento de la evaluación del proyecto al contacto directo con la propuesta de los emprendedores, contada por sus protagonistas. No significa que se relegaron los aspectos formales del negocio, ni que el carisma de los emprendedores reemplaza al análisis de rentabilidad. El plan de negocios siempre es solicitado en una segunda etapa. Pero el cambio de modalidad en la presentación inicial da cuenta de la valoración central del equipo emprendedor, como corazón del negocio. Sin un equipo sólido, no hay oportunidad. Si el equipo tiene las capacidades requeridas, podrá revertir situaciones adversas en torno al negocio. Pero si no las tiene, por mejores condiciones de mercado que prometa la iniciativa, los riesgos de fracaso son demasiado altos.

¿Qué financian los que financian?

¿Someterse al análisis de la tasa interna de retorno es realmente es la única alternativa para conseguir financiamiento? ¿Todo se mide en rentabilidad del capital? ¿Todo se reduce a una especulación financiera pura y dura? Así como hay que ajustar el producto al mercado, también es necesario maridar el proyecto con la fuente de apoyo financiero. Y la diversidad de fuentes ayuda a encontrar consorte con

---

[59] La palabra inglesa 'pitch' se popularizó en el ámbito emprendedor. Proveniente del *baseball*, hace alusión al lanzamiento rápido; en el ámbito de los negocios se utiliza para significar un mensaje breve, rápido, corto y efectivo, capaz de transmitir en pocos segundos o minutos la idea general de la oportunidad.

mayor facilidad. Ahora bien, como en toda relación recíproca, no se trata de identificar sólo lo que queremos recibir, sino qué podemos ofrecer o qué nos pedirán a cambio.

Si tenemos en cuenta la brecha insalvable entre los financiamientos que resultan aptos para emprendimientos dinámicos y los que son apropiados para emprendimientos convencionales, habremos encontrado la punta del ovillo. Hay múltiples razones para acompañar materialmente diversos tipos de iniciativas. La especialización y diferenciación de las fuentes de financiamiento habla de la necesidad de las organizaciones de utilizar distintas varas para medir la rentabilidad esperada.

Las aceleradoras de negocio y los capitalistas de riesgo utilizan el viejo adagio "a mayor riesgo, mayor rentabilidad", y dado que la tasa de éxito de las nuevas empresas está sujeta a altos riesgos, pretenderán una alta rentabilidad potencial si invierten en ellas. Por lo tanto, si tu empresa no puede prometerla, no te les acerques.

Pero aun así, la rentabilidad no es la única variable que evalúan. Especialmente las aceleradoras de negocios definen su identidad vinculándose a determinados rubros que resultan de interés para sus inversores o para la empresa madre que las fondea. Y son directas al comunicarlo: "sólo tomaremos *startups* que apliquen a las siguientes *verticales de inversión...*", y detallan a continuación si aceptarán proyectos centrados a telecomunicaciones, Big Data, FinTech, biotecnología, etc. Dado que las aceleradoras son empresas, y para destacarse en el ecosistema emprendedor tienen que posicionar su marca y consolidar su reputación, valorarán otras cualidades de los emprendimientos, tales como el grado de innovación de la propuesta, el potencial disruptivo de la iniciativa, etc. En los casos en que las aceleradoras están ligadas a empresas madre, incluso puede ser 'rentable' involucrarse con nuevos proyectos a fondo perdido, como estrategia de captación de nuevas tendencias tecnológicas, de consumo o comercialización.

Otro tipo de capitalización a la que suelen acceder los emprendimientos dinámicos es el aporte de inversores ángeles, es decir, individuos que asumen el riesgo de invertir en *startups* a cambio de notas convertibles o participación accionaria. A la par del capital financiero, los inversores ángeles aportan sus conocimientos y experiencia empresariales o profesionales para el desarrollo de las empresas en las cuales invierten. Es decir, además de capital financiero, aportan capital humano y capital social para potenciar la nueva empresa. Por esto, la estrategia de fondeo de los inversores ángeles se denomina "dinero inteligente" (*smartmoney*) y, al igual que las aceleradoras de negocio, es comparable a una inyección de adrenalina para los emprendimientos dinámicos. Por supuesto: emprendimientos convencionales, abstenerse.

Los bancos, en cambio, son desapasionados, no valoran tanto el dinamismo como la seguridad. No suelen financiar la puesta en marcha de empresas, sino a nuevas empresas o –mejor para ellos– empresas consolidadas. No están presionados por posicionar una marca ligada al riesgo. De hecho, buscan minimizarlo por todas las vías posibles, y las tasas usualmente disminuyen en proporción al tamaño y trayectoria demostrada por la empresa. Sin embargo, suelen promocionar herramientas específicas para potenciar sectores productivos, comprar equipamiento y maquinaria o suscribirse a tasas bonificadas por organismos nacionales en determinados rubros de inversión. Trayectoria y garantías (incluyendo prendarias) son condiciones para calificar, aunque para sortear esta restricción en etapas iniciales muchos emprendedores suelen optar por tomar otro atajo (a mayor tasa de interés): créditos bancarios de naturaleza personal o endeudarse con gastos en sus tarjetas de crédito. Evaluar la relación entre el costo de oportunidad, los costos financieros y la viabilidad del acceso al crédito resulta clave en estas circunstancias.

Las líneas de financiamiento público tienen otros esquemas de rentabilidad. Cuando existen programas municipales o provinciales, mayormente apuntan a promover emprendimientos que completen determinadas cadenas de valor, generen empleo, incrementen la oferta de servicios locales, sustituyan importaciones en la región, etc. En Argentina, a partir de la conformación del FONDCE, el Ministerio de Producción de la Nación especializó las herramientas para diversos segmentos, incluyendo esquemas de coinversión con capitales privados.

Las líneas de financiamiento público para emprendimientos en etapas iniciales suelen ser de acceso amplio, pero con un alto grado de competencia para su obtención. La postulación requiere esfuerzos del equipo emprendedor para formalizar su proyecto y cumplir con los requerimientos solicitados, a pesar de que los montos suelen ser relativamente bajos. La recomendación para quienes buscan calificar en estas líneas es atender a los objetivos estratégicos del programa o institución que las impulsa. Si se trata de un organismo vinculado a la promoción cultural y en el proyecto sólo se ofrece rentabilidad del capital, pero ninguna propuesta de valor asociada a la generación de bienes culturales, no se producirá ningún maridaje.

Esto aplica también para las líneas promovidas por organizaciones sociales o aceleradoras que buscan impulsar segmentos específicos tales como emprendimientos de triple impacto, negocios en la base de la pirámide, soluciones tecnológicas para problemáticas socioambientales, etc.

Por su parte, las estrategias de financiamiento colectivo (*crowdfunding*) revolucionaron las posibilidades de fondeo a partir de plataformas digitales que permitieron hacer visibles los proyectos y vincular de forma directa a inversores con emprendedores. En realidad, 'crearon' microinversores y donantes, en la medida en que cualquier usuario que se sienta atraído por la propuesta de valor del proyecto puede aportar una parte pequeña del monto total de inversión requerido. Pero con cientos o miles de estos aportes hormiga, se logran fondear iniciativas completas. Uno de los pioneros en este rubro es el sitio Kickstarter[60] y, en América Latina, Idea.me[61]. Recientemente se lanzó en nuestro país el Mercado de Innovación Argentina (MIA)[62] para potenciar el financiamiento de la innovación tecnológica. Algunos emprendimientos internalizan la estrategia de financiamiento colectivo y la incorporan en su propuesta de valor y en una plataforma propia, tal como hizo la innovadora propuesta agroalimentaria iGrow Asia[63].

La estrategia de algunas de estas plataformas de financiamiento colectivo se centra en la captación de donaciones en diversas iniciativas, y así se constituyen en plataformas de *micromecenazgo*. Otro formato común es la preventa de productos o el otorgamiento de 'recompensas' (bienes, servicios, reconocimientos, etc.) para los donantes por parte de los emprendedores que están impulsando sus proyectos.

Para los emprendimientos, la capitalización a través de financiamiento colectivo es, a su vez, una oportunidad para publicitar el proyecto, generar comunidad e incluso testear el éxito potencial del bien o servicio que quieren lanzar al mercado. Estos réditos son tan importantes como la capitalización, si responde a una estrategia sinérgica.

En Argentina, a partir de la sanción de la Ley de Apoyo al Capital Emprendedor (Nro. 27.349), el financiamiento colectivo migrará a un formato más profesional, orientado a la venta de acciones y participación de los inversores en las nuevas empresas.

Pero este no sería un *racconto* de posibilidades de fondeo para emprendedores si no mencionáramos a las famosas 3F. Este concepto está relacionado con tres palabras inglesas: *family* (familia), *friends* (amigos) y *fools* (tontos), que identifican los tres colectivos de personas que −sea por

---

[60] https://goo.gl/aydcs5
[61] https://goo.gl/U1en3U
[62] https://goo.gl/dDj4rN
[63] https://goo.gl/emsSuy

proximidad afectiva a los emprendedores, sea por no medir los riesgos de financiar proyectos que aún no tienen validación del mercado– están dispuestos a invertir en el inicio del nuevo emprendimiento. Las ventajas del financiamiento proveniente de las 3F están ligadas a su rápido acceso, con bajos (o nulos) requisitos formales, y a bajas (o nulas) tasas de interés. El retorno esperado por amigos y familiares está centrado, principalmente, en valores no económicos: gratitud, fidelidad, satisfacción de haber contribuido a una buena causa, etc. Por supuesto que, para que esto resulte, el vínculo personal es una condición clave. Pero hay que tener en cuenta que no todo lo que brilla es oro. Los costos de esta opción de capitalización también están asociados a variables no económicas, tales como la redefinición de los vínculos familiares, mayor incidencia de la familia o amigos en el negocio, etc.

A las 3F se les suele agregar una cuarta, que nos remite al inicio de un apartado anterior: *founders* (fundadores), haciendo referencia al capital propio que los emprendedores aportan para poner en marcha la nueva empresa. Este aporte no necesariamente lo hacen antes del inicio de actividades. La reinversión de capital a costa de resignar ingresos también es una vía tradicional de fondeo, basada en el esfuerzo personal; en la 'tasa de transpiración' tal como la describía Shapero.

¿Qué o cuándo?

En términos de fondeo, a veces no es el *qué*, sino el *cuándo*. El maridaje entre tipo de financiamiento y tipo de emprendimiento no sólo depende del rubro sino también del estadio de desarrollo emprendedor en el que se produce el vínculo. Comparemos cómo se financian los emprendedores en cada etapa.

En un estudio regional, Kantis et al. (2004) hicieron un gran aporte comparando las fuentes de financiamiento que utilizaban emprendimientos dinámicos y no dinámicos en diversos países latinoamericanos. En dicha investigación demuestran empíricamente que las 3F tienen, porcentualmente, un liderazgo indiscutido.

Fuentes de financiamiento inicial de empresas, según grupo y país

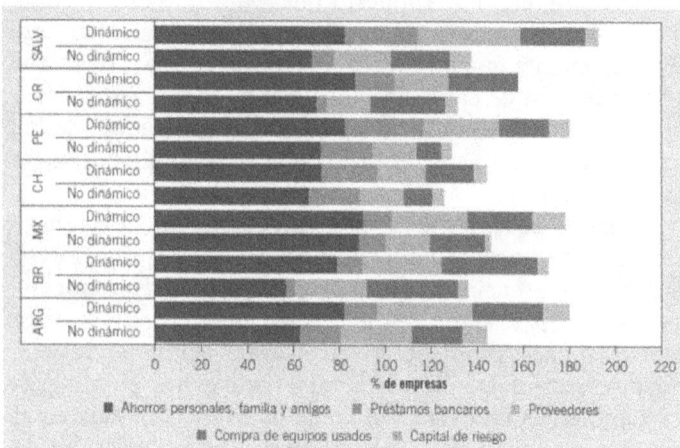

Fuente: Kantis et al., 2004.

Por su parte, Kantis y Drucaroff (2011) comparan las fuentes de financiamiento que utilizan los emprendedores en las etapas de lanzamiento (puesta en marcha) y en los primeros años (desarrollo inicial). En la tabla pueden observarse la preponderancia de las estrategias de financiamiento a partir de las 4F (es decir, las 3F más aportes de los fundadores) y de las fuentes alternativas de acceso a recursos (o *bootstrapping*). En estas etapas, los emprendedores centran sus estrategias de acceso a recursos en la postergación del pago de sus propios salarios (o bien se pagan salarios por debajo del mercado), en la reinversión de utilidades, en la generación de ingresos a través de unidades de negocios alternativas a través de sobregiros de cuenta corriente o a través de la toma de créditos bancarios a corto plazo. Y –dependiendo del rubro y el potencial del emprendimiento– obtienen capital de riesgo.

Fuentes	Lanzamiento	Primeros años
Ahorros personales	85,6	62,2
Amigos / parientes	20,6	17,1
Inversores Ángeles	11,3	7,3
Inversores corporativos	8,2	1,2
Préstamos de Bancos privados	17,5	32,9
Sobregiro bancario	19,6	30,5
Préstamos de Bancos públicos	3,1	6,1
Subsidios públicos nacionales	1	1,2
Préstamos de Inst. Púb. Locales	1	3,7
Subsidios de Inst. Púb. Locales	3,1	4,9
Adelantos de clientes	20,6	18,3
Proveedores	49,5	63,4
Factoring	1	7,3
Postergación pago de impuestos	12,4	18,3
Postergación pago de servicios	8,2	8,5
Postergación pago de salarios	5,2	4,9
Compra de equipos de 2da mano	35,1	30,5

Fuente: Kantis-Drucaroff, 2011.

A su vez, al comparar las dos etapas entre sí, si bien en ambas se mantiene una estructura de fondeo basada en capital propio y de aportes de las redes sociales primarias (familiares y amigos), en la fase de desarrollo inicial se reduce en más de veinte puntos en la disposición de ahorros personales, y en tres puntos la incidencia de los aportes de parientes y amigos. A su vez, se incrementan porcentualmente el financiamiento de proveedores (en casi catorce puntos), los créditos de bancos públicos (tres puntos), privados (quince puntos), y el sobregiro bancario (diez puntos).

Pero las etapas son muy diversas de acuerdo con el tipo de emprendimiento del que estemos hablando. La proyección de sus fundadores, las posibilidades de crecimiento de la nueva empresa en el marco de la industria y el dinamismo del mercado en el que se insertan marcarán cuán alto es el salto en el desarrollo escalable (que en el siguiente gráfico se ilustra con una línea ascendente de 45°):

Fuente: Presentación institucional de Jóvenes Emprendedores Rurales, 2015.

Según la imagen, la empresa apelará a *bootstrapping* y a recursos propios en la instancia de gestación, al aporte de inversores y fundadores para la puesta en marcha, y a capital de riesgo en las instancias de expansión –que se corresponden con la etapa de desarrollo inicial, es decir, con los primeros años de gestión de la compañía–. Pero está claro que esto no aplica al común de las empresas sino tan solo a las que tienen potencial dinámico y ambición de crecimiento. La mayoría de las empresas que se ponen en marcha permanecerán pequeñas durante toda su existencia y –dado que no todo es para todos– jamás accederán a capitalización de riesgo; será suficiente con aportes propios y –en todo caso– créditos bancarios convencionales para mantener a flote su modelo de negocios.

La industria del capital de riesgo, en su estrategia de captación de emprendimientos con alto potencial de crecimiento, especializó sus herramientas implementando tres rondas de inversión que se corresponden, a su vez, con los estadios de desarrollo emprendedor:

Capital Semilla/Incubación (*Seed Capital/Incubator*): financiamiento de iniciativas en el estadio de gestación o de puesta en marcha, con el objetivo de incubar el desarrollo de un producto o el lanzamiento de una nueva compañía.

Estadio temprano (*early stage*): capitalización de la puesta en marcha y gestión inicial de la compañía.

Expansión (*expansion stage*): orientado a la capitalización de compañías que han alcanzado un nivel de crecimiento sostenido y necesitan escalarlo.

Torres Carbonell señala:

> La industria de capital de riesgo se especializa en invertir en estos estadios de una empresa naciente a cambio de una participación en el capital del emprendimiento y de la expectativa de obtener un altísimo rendimiento de su inversión, en el orden del 35/50% anual, si la elección de la compañía fue la acertada. (Torres Carbonell, 2012)

¿Cuántas nuevas empresas pueden prometer tasas de retorno de la inversión tan altas y a su vez expandir su escala de negocios? Sobran los dedos de la mano para seleccionarlas de entre miles de nuevas empresas. Por esta razón, el proceso de *screening* y selección de proyectos rentables es uno de las principales tareas de las aceleradoras y de los inversores profesionales.

El siguiente gráfico también entrecruza las estrategias de financiamiento con las diversas etapas del desarrollo emprendedor, indicando qué fuentes de financiamiento predominan en cada una de ellas. Es coincidente en términos generales con las propuestas de los demás autores que analizamos, indicando que en las etapas de exploración y previas a la puesta en marcha, los emprendimientos se financian principalmente a través de las 3F y de programas de fomento del desarrollo emprendedor; en las etapas de puesta en marcha, se financian a través inversores ángeles y *capital semilla*; en la fase de crecimiento, se financian a través de capital de *estadio temprano*; y en la madurez, se capitalizan a través de los bancos y de la venta de las primeras acciones en la bolsa de comercio en lo que se denomina *initial public offering* (u oferta pública inicial).

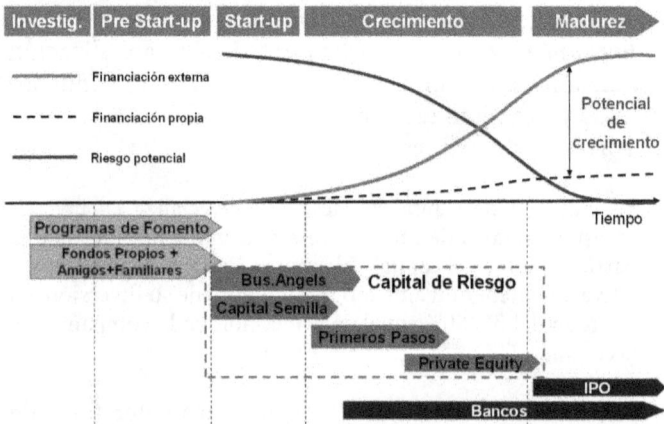

Fuente: Mason, 1998.

Sin embargo, el aporte conceptual de Mason (1998) al que hay que prestarle especial atención es la brecha que existe en términos de potencial de crecimiento entre los emprendimientos que se financian con fondos propios y los que se financian con fondos externos. Las empresas dinámicas son las que pueden saltar de la línea punteada a la línea ascendente, y el apalancamiento en capital externo resulta clave para impulsarlas.

Capitales en primera persona

A modo de reflexión en torno a los recursos anclados al emprendedor, les proponemos una metáfora deportiva: están los que disfrutan de jugar un partido los fines de semana con amigos y/o amigas. También están quienes, más exigentes, entrenan dos veces por semana y juegan el torneo local. Otros apuestan a profesionalizar su práctica deportiva, y se dedican a cultivarla a tiempo completo (lo que incluye una dieta específica y entrenamiento diario). Si fueran entrenadores, y suponiendo igual talento natural como punto de partida para los tres casos, ¿a quién elegirían para jugar un torneo en primera división? Y si fueran ustedes los que deciden qué partido jugar, ¿elegirían disfrutar de un partido relajado con amigos o el sacrificio de la dieta baja en calorías y el entrenamiento diario para jugar en primera?

De manera parecida funciona el mundo del capital emprendedor. Quien otorga capital financiero selecciona a los jugadores mejor entrenados. Quien quiere jugar en primera división tiene que hacer grandes sacrificios.

Por fortuna, el desarrollo regional necesita de todas las vocaciones. La mayoría de las empresas contribuye, en diversas escalas, a la generación de empleo, a la distribución de la riqueza, a la innovación de base local, y a la desconcentración del poder económico. Cada emprendedor debe decidir qué tipo de emprendimiento responde a su vocación. ¿Quiere generar empleo para sí mismo, para su entorno familiar cercano, para cincuenta familias de su localidad o para quinientas personas de distintos países? ¿Quiere comercializar sus productos en un punto de venta propio, a través de distribuidores mayoristas o en una plataforma global? ¿Quiere utilizar tecnología de uso corriente o desarrollar su propia tecnología? ¿Priorizará el beneficio económico o el impacto positivo social y ambiental? No existe 'bueno' y 'malo' en estas opciones; no hay una carga moral sobre el tipo de empresas a fundar, simplemente hay elecciones personales. Cada quien define su propia liga. Entender qué juego queremos jugar nos permitirá desarrollar mejores estrategias para obtener los resultados esperados.

Volviendo al financiamiento, ya vimos que la evidencia empírica es lapidaria. En estadios tempranos, el acceso a recursos por vías alternativas (o *bootstrapping*) y las redes sociales primarias resultan las vías más transitadas para impulsarse. Nos recuerdan al 'pájaro en mano' de Sarasvathy, y a los 'recursos bajo control' de Isenberg. Mejor no esperar mucho más de afuera. Depositar la responsabilidad de emprender en la aparición de capital externo es como sentarse a esperar la aparición del genio de la lámpara. Sólo sucede en los cuentos.

Locus de Control

Les mostramos una imagen deprimente. Más allá de los esfuerzos por optimizar y profesionalizar las herramientas financieras para emprendedores, el *Global Entrepreneurship Monitor* muestra una caída en picada del financiamiento disponible en Argentina en los últimos años.

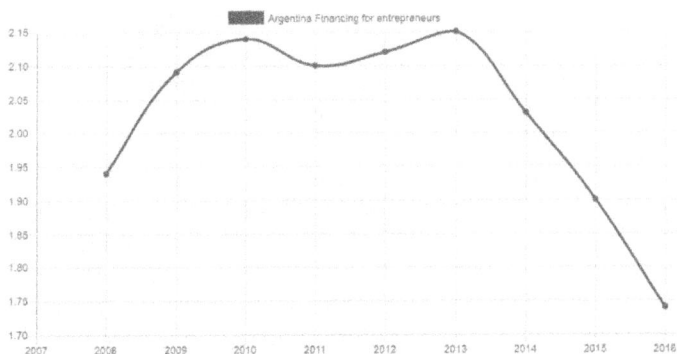

Fuente: https://goo.gl/CsiDyz[64]

Una persona con inquietud de emprender que se topa con este gráfico y tiene *locus de control externo*[65] pensará: "ya evalué una oportunidad de negocio, pero en este país no se pueden crear empresas porque no hay suficiente financiamiento para emprendedores". En cambio, una persona con inquietud de emprender que evalúa la situación adversa del financiamiento externo y tiene *locus de control interno*[66], pensará: "a no perder el tiempo, tendré que ingeniármelas para conseguir dinero porque el capital externo no aparecerá". Los del segundo grupo son, en general, quienes concretan su proyecto, mientras que los del primer grupo son los que se pasan año tras año culpando a las circunstancias por su falta de iniciativa.

---

64 El gráfico corresponde a una consulta realizada el 12/6/2017. En 2018 el GEM procesó los datos del año anterior y el indicador subió, acercándose a los niveles de 2014, iniciando lo que –esperamos– se debería transformar en una curva ascendente a partir de la creación del FONDCE y la consolidación de las organizaciones de capital privado.

65 Es decir, una tendencia a considerar que lo que pasa en su entorno está regido por variables que ella no controla.

66 Es decir, una inclinación a pensar que lo que sucede en su entorno está directamente relacionado con sus propias iniciativas y con el resultado de sus acciones.

Nadie dice que sea fácil. Por supuesto que los puntos de partida son muy diferentes para quienes no cuentan con personas con capital disponible entre sus conocidos y para quien tiene un ex suegro que, con un par de llamadas, consigue diez millones de dólares. Pero esto no es una excepción sino más bien una constante en el mundo emprendedor: las condiciones son subóptimas las más de las veces. Una frase que escuchamos hace años y repetimos en reuniones de emprendedores reza: "al desarrollo emprendedor hay que venir llorado". Quien se queda llorando porque sus circunstancias no son como le gustaría que fueran pierde valioso e irrecuperable tiempo. Quien invierte ese tiempo en hacer puede obrar para revertir las circunstancias. Después de todo, las estadísticas de investigaciones realizadas en todo el mundo nos llevan siempre a las mismas conclusiones. Así lo ratifican Kantis y Drucaroff (2011) porcentuando el tipo de financiamiento utilizado por los emprendedores.

Fuentes de financiamiento utilizadas por los innovadores dinámicos para iniciar el negocio en América Latina	Porcentaje utilizado
Ahorros personales de los fundadores	81%
Clientes (adelantos)	24%
Proveedores (Crédito comercial)	21%
Parientes y amigos	18%
Compra de maquinaria usada	17%
Tarjeta de crédito de los fundadores	16%
Sobregiros en cuenta corriente	15%
Préstamos bancarios	12%
Inversores privados	9%
Retraso en el pago de impuestos	8%
Retraso en el pago de salarios	5%

Factoreo	4%
Retraso en servicios	3%
Fondos de capital de riesgo	3%
Préstamo de instituciones nacionales públicas	1%
Subsidios de instituciones nacionales públicas	1%
Préstamos de gobiernos locales	1%
Subsidios de gobiernos locales	1%

Fuente: Kantis y Drucaroff, 2011.

El despliegue de estrategias creativas para proveerse de los recursos necesarios incrementará, además, el capital humano, el capital social y el capital institucional del equipo emprendedor, dándole una experiencia de trabajo conjunto que fortalecerá sus lazos y conocimiento mutuo. No hay manual de emprendedores que pueda transmitir eso.

La capitalización de los emprendimientos en términos de aprendizajes y vínculos suele no ser valorada como corresponde, ni por los propios emprendedores ni por terceros. Es intangible, invisible, no cuantificable, y claramente no se puede presentar como garantía en un banco. Y sin embargo será un factor decisivo para incrementar las posibilidades de éxito de la nueva empresa.

Tan simple como conocer personas

Para dimensionar la importancia del capital social, humano e institucional en el ámbito cotidiano, les proponemos hacer el siguiente ejercicio. En una primera columna listen una serie de bienes, servicios, oportunidades laborales, conocimientos o información estratégica a la que hayan accedido a lo largo de sus vidas. Agreguen una columna contigua e identifiquen mediante qué tipo de capital lograron el acceso. Se sorprenderán al encontrar que a la mayoría accedieron por vías que no incluyeron dinero. Aprendieron a hacer tal o cual cosa porque se los enseñó un amigo. Desarrollaron una habilidad 'X' viendo tutoriales en internet y dedicando horas y horas de práctica. Consiguieron un trabajo por recomendación de un conocido. Un ser querido les regaló tal o cual bien. Y aprendieron a ser y a hacer 'X' yendo al club, a la escuela o a la universidad.

Así como nos preguntamos si tenemos el dinero suficiente para iniciar el negocio, es clave preguntarnos si conocemos a quienes es necesario conocer para llevarlo a buen destino. Los contactos personales son tan importantes en el ámbito del emprendimiento como lo son en los demás órdenes de la vida. Así como detectamos tempranamente que nos falta capital financiero para impulsar nuestra iniciativa y diseñamos estrategias para salir a buscarlo, tenemos que prestar atención a nuestra falta de contactos y trazar una política activa para incrementarlos.

De hecho, así conceptualizan Kantis y Drucaroff (2011) el incremento del capital social en las diversas etapas del desarrollo emprendedor, distinguiendo las redes sociales primarias de las empresariales y estratégicas.

Tipos de lazos	Etapas del emprendimiento	Tipo de red	Cómo está constituida
Primarios	Gestación	Red social	Lazos familiares y amigos
Secundarios	Puesta en marcha	Red empresarial	Grupos sociales, políticos y de negocios
Terciarios	Desarrollo	Red estratégica	Seleccionados en función de las necesidades del negocio

Fuente: Kantis y Drucaroff, 2011.

Tu abuela siempre estará orgullosa de tus logros, hagas lo que hagas. Tus amigos te dirán que les encanta tu producto. Tus padres podrán financiar tus prototipos. Pero nada de eso es suficiente para impulsar un buen negocio. El mercado es cruel. O impersonal, que es lo mismo. Para la etapa de gestación, los vínculos sociales cercanos pueden ser una primera palanca, pero para mover el mundo hay que conseguir un punto de apoyo más distante. Vincularse con actores sociales e institucionales del ámbito empresarial es clave para dar un salto. Claramente, no todos provenimos de esos círculos sociales, por lo que parece que están reservados para quienes desde la cuna los habitaron. Si un niño nace en una familia de músicos, tendrá muchas ventajas para acceder a valores culturales y sociales que lo acerquen a ese mundo. Pero nada impide que quien no tiene músicos en su familia aprenda a tocar virtuosamente el piano o la guitarra. La misma regla aplica al emprendimiento.

En parte, las limitaciones para incrementar el capital social empresarial son autoimpuestas y basadas en un falso imaginario. Como si la única vía para participar del mundo de los negocios fuera comprarse un traje acartonado y asistir a aburridas reuniones de la cámara industrial o de la cámara de comercio, en las que el promedio de edad supera los 60 años.

El mundo emprendedor es mucho más diverso. Participan de él hacedores de todos los rubros, todas las edades, géneros y estilos. Cada quien, según sus inclinaciones, integra distintos espacios en los que consigue información, conocimientos, vínculos y recursos materiales. Si quieren conocerlos, frecuenten sus lugares. Participen de los eventos para emprendedores organizados por organismos públicos o privados. Acérquense a la incubadora de empresas de la región, al programa de emprendedorismo de la universidad, al Club de Emprendedores, etc. Descubrirán que hay gente como ustedes con la que intercambiar, discutir ideas, establecer redes de trabajo y enriquecerse mutuamente.

La tesis de los 'seis grados de separación' postula que siempre hay un conocido de un conocido que, a su vez, conoce a quien puede aportar el valor que estás necesitando para impulsar tu emprendimiento. Pero la regla de oro es tener en cuenta que los principios básicos del capital social son la confianza, la solidaridad y la reciprocidad. Saber ofrecer es tan importante como saber pedir.

Cuando un familiar presta dinero a otro familiar que lo necesita sin mediar una tasa de interés, cuando un amigo comparte información de valor con su círculo cercano, cuando una persona recomienda para un trabajo a otra persona que merece su confianza o simplemente cuando alguien en la calle te indica cómo llegar al lugar que estabas buscando, la retribución esperada no es monetaria. Una sonrisa, un 'gracias' o la satisfacción de haber sido útil suelen ser suficientes en muchos casos. En una perspectiva más transaccional, en la vertiente de aplicaciones económicas del capital social, algunas acciones intencionadas centradas en vínculos se cimentan sobre la estructura de "deudas de favores" con una lógica de "hoy por ti, mañana por mí". En muchas culturas, la familia o la comunidad ayuda a una persona a construir su casa o arar su campo con el compromiso de que ella hará lo propio cuando otro miembro de la familia o de la comunidad así lo requiera. En el emprendimiento, también hay comunidad y múltiples ocasiones para retribuir favores.

De hecho, el desarrollo endógeno de muchas regiones fue estudiado desde la perspectiva del capital social. Los conglomerados productivos (o *clusters*) integrados por empresas del mismo rubro o de diversos eslabones de una cadena de valor son claros ejemplos de interacciones sinérgicas entre diversos actores sociales que generan confianza y consolidan organizaciones de beneficio mutuo. En el próximo capítulo analizaremos la propuesta de Brian Feld (2012) sobre las comunidades *startup* como un factor clave para ganar competitividad.

'Coopetición' es un neologismo que ilustra el doble proceso de empresas competidoras que a su vez pueden cooperar entre sí para obtener mayores réditos conjuntos (Brandenburger y Nalebuff, 1996). Por supuesto, hay emprendedores y emprendedores, e industrias e industrias. En algunos rubros en los que el mercado es más grande de lo que puede abastecer cada empresa individualmente, los lazos cooperativos fluyen con mayor facilidad. Es común entre los cerveceros artesanales prestarse equipos e insumos, y compartir *tips*, proveedores y recetas. En las industrias que se insertan en mercados ultra competitivos es probable que los conocimientos e información clave no circulen entre los actores con tanto dispendio, pero los intereses comunes encontrarán su cauce en representaciones sectoriales y defensa de intereses comunes. Como en muchos otros ámbitos, el capital social emprendedor se incrementa regado por café, vino, cerveza, *cocktails* o mates. Es cuestión de saber dónde, cómo y con quién tomarlos.

Siempre hay que tener en cuenta que el capital social no es estático sino todo lo contrario: se redefine permanentemente. Pensemos en cuántos vínculos perdimos en nuestra vida y cuántos vínculos desarrollamos recientemente. A los fines de un negocio, muchas de los vínculos más pertinentes son tal vez personas que no conocemos aún, y tenemos que establecer una estrategia para desarrollarlos. A pesar de que esto aparenta ser una tarea compleja, deberíamos pensarlo de manera opuesta: sólo se trata de conocer personas y establecer con ellas un vínculo de confianza de algún tipo.

Si proyectan escalar sus emprendimientos, es clave tener en cuenta que el incremento del capital social requiere una estrategia tan nítida como la que seguramente se plantearon para conseguir capital financiero. Presentarse a concursos de proyectos y a certámenes de promoción del desarrollo emprendedor también aporta capital simbólico y buena reputación al proyecto y al equipo emprendedor. 'Construye y vendrán' (*build it and they'll come*) es una conocida frase en el ámbito de los negocios, porque expresa una filosofía que da muy malos resultados en la mayoría de los emprendimientos. Pero 'hazte notorio y ellos te llamarán' es una variante que sí funciona con efectividad.

Ebers

Facundo Noya tiene 24 años. Es entrerriano, pero habla con un dejo de tonada cordobesa. Eso es porque en 2011 se mudó a La Docta para estudiar Ingeniería Biomédica en la Universidad Nacional de Córdoba (UNC) y terminó adoptando el acento. En su carrera aprendió a analizar las estadísticas globales de incidencia y prevalencia de diversas patologías. Entre esos datos sabía que la diabetes –como verdadera epidemia dentro de las enfermedades crónicas no transmisibles del siglo XXI– tiene el triste récord de provocar una amputación cada 30 segundos en el mundo. Pero fue la vez que acompañaba a su padre en el hospital cuando se topó de cerca con el problema: la paciente de la cama de al lado estaba a punto de ser operada y perder su pie debido a la propagación de una infección originada en una pequeña lastimadura. En esa afección que se conoce como 'pie diabético', la hiperglucemia produce falta de sensibilidad en las extremidades y dificulta la cicatrización de las heridas.

Conmovido por esta vivencia, Facundo y un compañero de estudios adoptaron esta problemática y se propusieron buscar una solución como proyecto integrador de la carrera. Crearon Ebers, un dispositivo tecnológico que facilita la prevención a partir de la detección temprana de anomalías para evitar la formación de úlceras en los pies de personas diabéticas. Consiste en una plantilla adaptable a cualquier tipo de calzado, que tiene sensores de presión, temperatura y humedad para monitorear de forma continua el estado del pie, transmitir los datos vía bluetooth, y almacenarlos en la nube para que el médico pueda consultarlos cuando lo requiera, en una interfaz visual tan simple de utilizar como la de cualquier otra plataforma. Cuando es necesario, la aplicación del paciente prende una alarma permitiendo el chequeo inmediato y la prescripción de un tratamiento adecuado (y a tiempo) para evitar consecuencias irreversibles.

Al desarrollar Ebers en el marco de la Facultad de Ciencias Exactas, Físicas y Naturales de la UNC, fueron asesorados por múltiples especialistas; desde médicos hasta diseñadores. Una vez que el prototipo dio muestras de viabilidad, cumplieron con los requisitos de aprobación para recibirse de Ingenieros. Todo podría haber terminado ahí, en el callejón sin salida en el que mueren los proyectos que no tienen ambición comercial, siendo solo una muestra de "aquello que podría ser" y que muchas veces terminan desarrollando empresas de otro país. Pero Facundo estaba picado por la iniciativa emprendedora. Tras recibirse de Ingeniero comenzó un Máster en gestión de empresas y era consciente de la enorme distancia que hay entre un prototipo y un producto apto para ser lanzado al mercado. Fue en ese contexto en el que se enteró del certamen EmprendéConCiencia que impulsaban el Ministerio de Producción de la Nación, junto a SociaLab y a la Fundación INVAP, con el objetivo de fortalecer iniciativas que solucionaran problemáticas sociales y/o ambientales a través de la tecnología. En junio de 2017 postularon Ebers en el concurso y, junto a otros 14 proyectos, accedieron a un proceso intensivo de asesoramiento técnico, de agosto a diciembre, con 15 días de 'inmersión' en la ciudad de Bariloche. El acompañamiento de EmprendéConCiencia fue enriquecedor en sí mismo, en tanto involucraba a profesionales del INVAP y del Centro Atómico Bariloche, a especialistas en desarrollo emprendedor y a referentes vinculados a la empresarialidad de triple impacto. Sin dudas, la apuesta principal del certamen estaba centrada en el fortalecimiento del capital humano emprendedor de los participantes. Pero Ebers tenía las condiciones para apalancarse en las otras vertientes de capital que fluyeron en la iniciativa. Las inyecciones de capital social y de capital institucional resultaron adrenalínicas. En palabras de Noya: "*EmprendéConCiencia fue un antes y un después para Ebers. Fue el detonante. Antes teníamos un proyecto, pero no un emprendimiento. Teníamos un prototipo, pero nos faltaba todo el resto de los capitales: financiero, social, institucional. Sólo estábamos vinculados con la Universidad. Después de Emprendé-ConCiencia empezó una cascada de eventos y contactos*".

Es que el capital social e institucional se fusionó en un torrente de vínculos que aún sigue drenando. A través de otro concurso el proyecto se contactó con la Fundación Argentina de Nanotecnológica (FAN), donde logró incubarse formalmente. En el cierre de EmprendéConCiencia participó el Secretario PyME de Argentina, quien posteriormente convocó a Facundo a una reunión con el Presidente de la Nación en la residencia de Olivos, lo que lo llevó a ganar notoriedad en los medios de comunicación. "Ahí te das cuenta del valor de conocer gente. Uno conoce a otro, te van recomendando, y empieza a encaminarse solo", comenta el emprendedor, mientras enfatiza: "Es una bola de nieve. Cada vez vienen más cosas y te llaman de todos lados".

Una vez que el proyecto gana notoriedad, *"las cosas empiezan a llegar solas. Salió la noticia en diversos medios nacionales y hoy me escriben diez personas por día para preguntarme por las plantillas. Nos contactan médicos, interesados, personas que quieren ser representantes. Ayer nos contactaron desde República Dominicana y desde una Clínica en Suiza para iniciar un protocolo de investigación en ese país. Todo eso llegó sin buscarlo"*, afirma Noya con el mismo entusiasmo del primer día.

En términos de acceso a financiamiento y notoriedad, ganar convocatorias incrementa el capital simbólico y económico de los emprendimientos, y también suele tener una dinámica expansiva. A través de uno de los emprendedores que conoció en EmprendéConCiencia, Facundo se enteró de la convocatoria del concurso Masterpiece, organizado por la empresa Livingtalent, en Dubai. Postularon sus iniciativas y viajaron a Emiratos Árabes, donde Ebers fue premiado con U\$S 10.000 en la categoría Innovación. Y como no hay dos sin tres, antes de finalizar 2017, postularon y ganaron \$200.000 en el concurso Potencia Sueños de la ciudad de Buenos Aires.

Pero atendiendo a que el capital financiero es nada sin la viabilidad técnica y la aceptación del mercado, el equipo de Ebers trabajó activamente en el testeo de los prototipos funcionales que actualmente se van a comenzar a probar en los Hospitales Rawson y Misericordia, de Córdoba, y en el Hospital Italiano y en la Clínica Santa Catalina, de Buenos Aires, bajo la supervisión del equipo de la Administración Nacional de Medicamentos, Alimentos y Tecnología Médica (ANMAT) para poder aprobar las plantillas siguiendo los protocolos que los productos médicos demandan.

Todo esto, mientras optimizan los sensores con la Fundación Argentina de Nanotecnología (FAN), buscan la mejor manera de embeber la batería en la plantilla, mejoran el software junto a la Incubadora Drimcom de Córdoba y postulan su iniciativa para acelerarla en la Singularity University de Estados Unidos. Ah, y, por si fuera poco, en abril de 2018 les queda tiempo para representar a Argentina en los Global Student Entrepreneur Awards, en Canadá.

A modo de reflexión final, el emprendedor hace una advertencia. El capital social que se desarrolla cuando las iniciativas ganan notoriedad abre puertas. Pero no todas conducen a caminos procedentes, y hay que saber distinguir en cuáles entrar y en cuáles no: *"En la vorágine de los acontecimientos es súper importante apoyarse en los nuevos vínculos que se ganan, pero en los vínculos reales, en las personas que te escuchan cuando tenés problemas y te aconsejan. De lo contrario, tantos contactos te pueden hacer marear, y perder el rumbo hacia donde hay que ir. El riesgo es terminar destinando tiempo a cosas que no suman, generan ruido o simplemente que no se pueden capitalizar después".*

La lista del almacenero

Recordemos que hay que desempañar los cristales de nuestros anteojos mentales y destrabar la visión sobre los recursos. Pensarlos como activos, pero no como anclas. Para desarrollar la habilidad de pensar como *bootstrapper*[67], hay que vencer un pensamiento reflejo, instintivo, haciendo un esfuerzo consciente para concentrarnos en alternativas que aceleren nuestro camino emprendedor.

Un ejercicio interesante para esto es desagregar los recursos que hacen falta para poner en marcha o escalar un emprendimiento. Basta con escribir una lista en una libreta, como marca la tradición de todo buen almacenero. Si quieren, también dejen una columna para el precio y prueben de sumar los valores. En general el resultado de la suma será siempre un número astronómico e inconseguible

---

[67] Es decir, como quien trata de impulsarse mediante estrategias no convencionales de acceso a los recursos necesarios para emprender.

por vías formales. El préstamo sin garantías, a tasa fija y por el monto total de lo que necesitan difícilmente los esté esperando. Por eso, el primer paso es depurar la lista.

A todos nos gustaría tener una Ferrari para ir a hacer las compras, pero a veces basta con una bicicleta con canasto para cargar lo que necesitamos. Traten de separar lo prescindible de lo imprescindible. Tachen todo aquello que sería lindo tener, pero cuya falta no obstaculizará dar los próximos pasos.

Una vez que se queden con el puñado de recursos (bienes o servicios) que son fundamentales para avanzar, piensen maneras alternativas de conseguirlos. Por 'alternativas' queremos decir sin pagar con dinero contante y sonante. Mejor aún si directamente no se pagan. Vale pedir prestado, hacer un canje, reparar, recuperar recursos ociosos, alquilar, aunque también acceder a un leasing, comprar usado o comprar en cuotas. Es sólo un juego, así que anímense a sugerir dos o tres vías de acceso alternativas para cada recurso.

Aquello que nadie usa puede transformarse en un bien reutilizado y ahorrarnos dinero para la puesta en marcha. A modo de ejemplo, muchos bares de Palermo (Ciudad de Buenos Aires) recuperaron la vajilla de la abuela y la llamaron *vintage*. Tercerizar un proceso en vez de comprarse la máquina puede reducir los plazos de puesta en marcha o lanzamiento del producto. Contratar un servicio antes que incorporar un empleado puede resultar más eficiente cuando aún no se cuenta con los ingresos corrientes para sostener su costo fijo. Generar un ingreso puente a partir de la prestación de un servicio provisorio para capitalizar el proyecto puede ayudar a nivelar la balanza inicial de ingresos y egresos. Comprar insumos en conjunto con otros emprendedores del mismo rubro puede abaratar costos de abastecimiento. Conseguir plazos de pago con proveedores o anticipos de pago de clientes puede acortar el flujo de fondos. ¿Qué otras alternativas se les ocurren? Dedicando tiempo a pensarlas se entrena el músculo del *bootstrapping*.

Por supuesto que estas estrategias no son válidas en todos los casos. Siempre depende de la liga en la que quieras jugar. En algunas industrias con mercados muy dinámicos y de rápido crecimiento, la capitalización en términos financieros resulta clave, y la única alternativa posible es salir a conseguir dinero. Los emprendimientos con mayor potencial suelen ser grandes consumidores de capital en etapas iniciales. El financiamiento es el combustible que los impulsa. En la jerga de las *startups*, se utiliza el concepto de *burnrate* (tasa de combustión) para referirse a la velocidad con la que una nueva compañía gasta dinero por encima de sus ingresos[68]. Quedarse sin capital en momentos críticos puede atentar contra su desarrollo y, en industrias muy competitivas, tales como los mercados digitales, puede significar que un competidor gane la posta y deje a la empresa fuera del mercado. Si este es tu caso, omití la lista del almacenero. Si no lo es, dedicale un rato al ejercicio. El pensamiento lateral en torno a los recursos siempre alimenta una manera distinta de ver las cosas, con mayor pragmatismo y menos excusas. Buscar el camino más corto, ir por las cosas y nunca dejar de avanzar suelen ser recetas infalibles.

Medios y fines

El carro y el caballo tienen que estar cada uno en su lugar. Fijar el norte y trazar una trayectoria (permeable a vaivenes y pívots) resulta siempre una buena estrategia para no confundir los medios con los fines. Hay que establecerlo claramente: el objetivo es emprender. Testear el producto en el mercado. Conseguir clientes. Atar todas las variables para que el modelo de negocios sea sustentable. Empezar a facturar o incrementar la facturación. Cumplir un propósito. Los recursos son simplemente un medio para lograr todo esto.

---

[68] Al respecto, Blank (2007) sostiene que "el dinero es el alma de las startups. Permaneces en el negocio hasta que te quedes sin él."

Muchas veces, los medios vinculados a recursos se hacen pasar por fines, de manera tan plausible que terminamos trabajando para ellos, en vez de ellos para nosotros. Para testear el producto tenés que construir un prototipo. Para construir el prototipo necesitás dinero. Para conseguir dinero tenés que ir a una incubadora o ventanilla de financiamiento. Para que tomen tu proyecto tenés que filmar un video y redactar un plan de negocios. Para redactar un buen plan de negocios tenés que ir a una capacitación en la universidad o en el Club de Emprendedores. Y de repente te encontrarás tres meses después redactando la página número cincuenta de un plan de negocios para conseguir dinero, para construir el prototipo, para testear el producto. Sin dudas todas estas acciones aportan valor en sí mismas y reportan una utilidad que trasciende la necesidad directa, pero al no concentrarte en el objetivo perdiste de vista otras formas de testear el producto y ganar varios meses en el aprendizaje a partir del mercado. Tal vez no hacía falta un prototipo sino un boceto a mano alzada para testear el concepto. Tal vez bastaba con una publicación en las redes sociales para chequear las métricas de interacción. Tal vez era suficiente con entrevistar a algunos referentes clave vinculados al rubro, o aplicar alguna otra estrategia de interacción con el mercado.

La inercia usualmente nos lleva a encerrarnos en el taller. A pensar que nos falta algo antes de salir a hacer o salir a mostrar. Y en el camino muchos medios son buenas excusas y las anteponemos como si fueran fines. Un nuevo esfuerzo consciente debe precavernos de esta tendencia y prendernos una alarma con la cara de Steve Blank y su famoso 'salí del edificio' (*get out of the building*) como ideal regulativo.

El equipo como capital

Los emprendedores que gestionan eficientemente los diversos capitales requeridos para impulsar su proyecto definen el *mix* adecuado y salen a conseguirlo. Identifican qué vías de acceso a recursos son apropiadas para el tipo de proyecto y en cuáles resultaría elegible en función del estadio de desarrollo en el que se encuentra, descartando las demás para no perder tiempo y energía infructuosamente. Participan de ferias temáticas y eventos especializados a fin de vincularse con los actores clave de la industria y del ecosistema emprendedor. También participan de las convocatorias, concursos y postulaciones que puedan potenciar su empresa. Y asumen que emprender es un espacio de aprendizaje por lo que deben incrementar sus conocimientos y habilidades, a través procesos de capacitación formal e informal.

Resulta fundamental tener en cuenta que sobre el mismo proyecto confluirán distintas miradas y hay que interactuar con ellas. El punto de vista del emprendedor está cargado de emociones. El emprendimiento es su creación, y proyecta en él sueños y expectativas. Muy probablemente esté enamorado de su producto y, cuando hay amor, aunque las críticas sean constructivas, duelen. El inversionista, en cambio, tiene una mirada desapasionada. Evalúa la iniciativa entre otros cientos de alternativas, y examina los datos y supuestos con detalle y atención. Si está dentro de sus verticales de inversión, tiene información del mercado en tiempo real. Si considera financiar, analiza las estrategias de entrada y de salida, la velocidad y la rentabilidad. La mirada del acompañamiento institucional (sean organismos estatales, incubadoras u ONG), por su parte, está centrada en los impactos potenciales de la nueva empresa y su alineamiento con los objetivos que la organización persigue (por ejemplo, la innovación, la inclusión social, la generación de empleo, entre otros). Muchas veces cuentan con dinero y otros tipos de apoyo directo, pero en general los procesos burocráticos y los tiempos de asignación son lentos.

Un factor común a todas las miradas externas sobre el proyecto es la importancia central del equipo emprendedor. Su capital humano, su capital social y sus valores serán un factor competitivo que tendrá un peso específico en sí mismo.

Así lo ilustran Jacobsohn y Cochello (2004) en su estudio sobre inversores ángeles en Argentina. En el *top five* de los criterios que son tenidos en cuenta para decidir la inversión, los tres más valorados se centran en estos componentes blandos.

Criterios	Muy Importante	Neutro	Poco Importante
La integridad y honestidad del fundador y su equipo	100	-	-
La actitud y el compromiso del fundador y su equipo	100	-	-
La experiencia del fundador y su equipo	75	16,7	8,3
La posibilidad de invertir con otros inversores	66,7	16,7	16,7
Las proyecciones de rentabilidad	66,7	25	8,3
Que se proponga un servicio o producto totalmente innovador	41,7	33,3	25
Los resultados de la investigación de mercado	41,7	33,3	25
La calidad de la presentación del plan de negocio	25	50	25
Conocer el sector económico en el cual se desarrolla la empresa	25	41,7	33,2
Que el negocios sea de alta tecnología	16,7	41,7	41,7
La cercanía geográfica del negocio	8,3	8,3	83,3
Tener la mayoría de la participación accionaria	8,3	16,7	75

>50%

Fuente: Jacobsohn y Cochello, 2004.

En un punto, la solvencia del equipo emprendedor se transforma en un filtro pasa/no pasa para el éxito del proyecto. Como ya destacamos, no es el único factor de éxito, pero sí una condición central para alcanzarlo.

6

Nadie emprende en el vacío

Los emprendimientos no surgen de la nada. Eso está claro. Siempre hay un contexto geográfico, social, político, económico y cultural desde el cual emergen las nuevas empresas. Lo que sigue siendo un tema en investigación es el modo en que se vincula el entorno con la identificación, evaluación y aprovechamiento individual de oportunidades de negocios. La relación entorno-individuo es en buena medida opaca en términos de motivación y logro. Las propuestas teóricas son tan diversas como teñidas de supuestos de base que condicionan las aproximaciones empíricas, y se debaten fuertemente entre lo descriptivo y lo prescriptivo.

En cualquier caso, hay condiciones de entorno que son iguales para todos, más allá de las diferencias individuales aplicables a cada emprendedor en términos de capital humano, social, financiero e institucional. Pero a su vez es necesario tener en cuenta que el entorno general incidirá de forma muy diversa de acuerdo con los capitales acumulados de cada emprendedor: quien tenga mayor respaldo económico, formación y redes de apoyo en su punto de partida será menos susceptible a los factores negativos del contexto.

En el presente capítulo les proponemos explorar diversas aproximaciones teóricas que miran el fenómeno emprendedor 'desde arriba', tratando de dar cuenta de la dinámica de nacimiento y consolidación de nuevas empresas en entornos nacionales, subnacionales y regionales. Esto nos dará pistas sobre cómo potenciar los factores positivos y minimizar los negativos, tanto a escala emprendimiento como a escala institucional, y nos abrirá paso hacia el próximo capítulo en el que problematizaremos el rol de las organizaciones de apoyo a emprendedores.

Un enfoque sistémico

Las reflexiones sistémicas hicieron un gran aporte al desarrollo emprendedor, en la medida en que pusieron sobre la mesa los factores que potencian o condicionan la empresarialidad en un ámbito regional determinado. Desde esta perspectiva, Kantis et al. (2002, 2004) señalan que el proceso de gestación, puesta en marcha y gerenciamiento inicial de una empresa se da en un contexto influenciado por la estructura y la dinámica productiva del territorio, por el mercado de factores, por las condiciones regulatorias, por los aspectos culturales y educativos, por las redes de apoyo y el capital social, por las condiciones socioeconómicas, y por las características emprendedoras personales o *competencias emprendedoras* del equipo emprendedor.

Sistema de Desarrollo Emprendedor

Fuente: Kantis et al., 2004.

En la propuesta de los mencionados autores se identi-fican algunos factores externos a los sujetos (tales como las variables macroeconómicas, la dinámica productiva regio-nal o las condiciones regulatorias), mientras que otros fac-tores son de referencia personal: la formación, la condición socioeconómica de los integrantes del equipo emprende-dor, sus capacidades individuales y el capital social o las redes de relaciones estratégicas.

Los aspectos socioculturales y educativos son condi-cionantes estructurales que jugarán a favor o en contra de la motivación individual a emprender. Y si bien suelen hacerse análisis agregados a escala país, los contextos microrregio-nales tienen una fuerte influencia sobre la propensión a la iniciativa privada. Es común verificar valoraciones sociales muy diversas en torno a la figura del empresario en locali-dades relativamente cercanas. Recordamos en este punto la importancia de la 'ley de los pequeños números' de Isenberg (2010), en tanto que la presencia de un grupo (aunque fuera pequeño) de emprendedores que ejerzan un rol positivo en el ámbito local contribuirá a fomentar la aspiración social y a despertar vocaciones que quieran seguir su ejemplo.

También la estructura y la dinámica productiva serán factores fuertemente influyentes. Las empresas tienden a replicarse. Demandan bienes y servicios, por lo que requieren de otras empresas para abastecerse. Capacitan trabajadores, que adquieren habilidades y conocimientos en un rubro determinado. También, en la medida en que especializan sus funciones, generan cuadros gerenciales que desarrollan capacidades de conducción y nutren una agenda de contactos que, incluso, pueden luego utilizar para desarrollar sus propios negocios. En definitiva, las empresas son las mejores incubadoras de empresas que se hayan inventado hasta la actualidad.

Pero la dinámica que se despliegue entre ellas es tan importante como la estructura misma. ¿En qué fase de su ciclo de vida están las industrias en las que se insertan las firmas locales? ¿Qué grado de tecnología incorporan en sus procesos? ¿Cuáles son sus escalas de comercialización? ¿Son competitivas en el mercado regional, nacional o global? Y uno de los elementos decisivos: ¿qué tipos de relaciones establecen entre ellas? ¿Existe sinergia y esquemas de cooperación competitiva o *coopetición*? ¿Institucionalizan sus vínculos en organismos de representación sectorial? ¿Se vinculan con organismos de ciencia y técnica, y con los gobiernos locales? El desarrollo endógeno fue estudiado desde la perspectiva del capital social y las redes de apoyo empresariales que se desenvuelven en territorios determinados. El flujo de conocimientos, recursos e influencias es una de las variables que facilitan o dificultan el ingreso de nuevos jugadores y su desempeño en el campo.

El mercado de factores es otro gran condicionante. Se refiere al acceso a la tierra o a la infraestructura de base para el desarrollo de la actividad, al acceso a capital financiero y a la disponibilidad de mano de obra calificada para trabajar en el rubro. La radicación o surgimiento de empresas estará condicionado por estos factores de competitividad regional, así como por el marco regulatorio aplicable a las empresas en general y al rubro en el que se insertan en particular.

¿Probaron de iniciar una empresa de elaboración de alimentos y les pareció complicado? Prueben con una de cosméticos. O mejor: una de medicamentos o equipamiento de salud. En algunos rubros, las barreras a la entrada de determinadas actividades están ligadas principalmente a las condiciones regulatorias. Las regulaciones son mecanismos mediante los que la sociedad estimula determinadas actividades, previene los posibles daños que podría ocasionar la producción de determinados bienes y servicios, y extrae de las unidades económicas recursos económicos para la generación de bienes públicos. Esto afectará de forma diferente a las diversas empresas, de acuerdo con sus escalas y el tipo de actividad que desarrollan. Para algunos emprendimientos, sortear los procesos de habilitación puede resultar en un derrotero interminable que consume recursos no previstos antes de que la empresa pueda generar ingresos.

Por supuesto también influirán fuertemente las condiciones macroeconómicas, la estructura socioeconómica de la población y el comportamiento de la demanda. Tal como señalamos en el apartado "La escala como limitante" –usualmente– el desempeño económico se corresponde con incrementos en la tasa de emprendimientos por oportunidad y reducciones en la tasa de emprendimientos por necesidad en los ciclos expansivos, y con el incremento de la tasa de emprendimientos por necesidad y reducción de la tasa de emprendimientos por oportunidad en los ciclos recesivos. Si bien a esta correspondencia no puede adjudicársele una relación causal directa por la multicausalidad que opera en el campo emprendedor, es necesario prestar atención a las tendencias de los datos agregados.

Enfocándose específicamente en el emprendimiento por oportunidad con potencial de crecimiento, el equipo del Programa de Desarrollo Emprendedor (PRODEM) de la Universidad de General Sarmiento desarrolló el Índice de

Condiciones Sistémicas para el emprendimiento dinámico. Conceptualizaron dicho enfoque siguiendo la propuesta del sistema de desarrollo emprendedor:

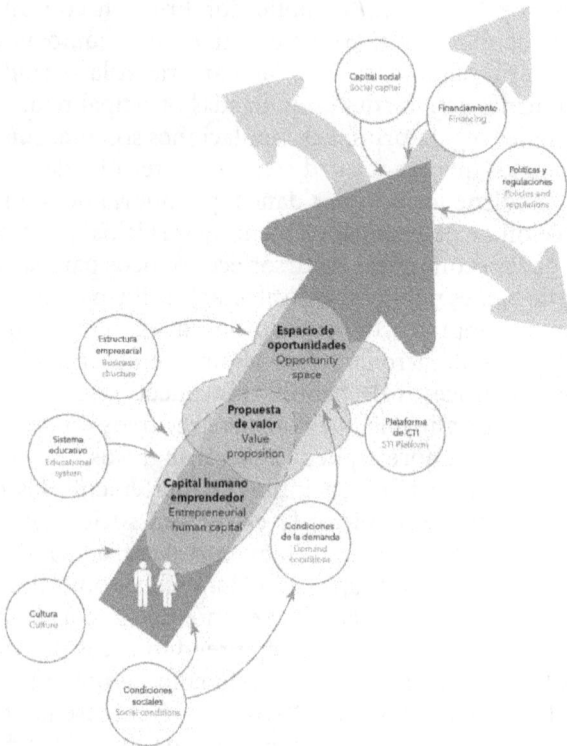

Fuente: Kantis, Federico e Ibarra García, 2014, 2015, 2016, 2017.

A partir de dicha conceptualización diseñaron una metodología para medir los diversos factores que condicionan el desarrollo emprendedor, a saber:

- Cultura
- Financiamiento, Capital humano emprendedor

- Capital social, Sistema educativo
- Plataforma de ciencia, Tecnología para la innovación
- Estructura empresarial
- Condiciones sociales
- Condiciones de la demanda
- Políticas y regulaciones

La aparición del Índice de Condiciones Sistémicas para el Emprendimiento Dinámico (ICSED) supone un notable avance en términos de disposición de información de base para orientar la toma de decisiones en términos de promoción del desarrollo emprendedor. Si bien esta información resulta más útil a técnicos, académicos y funcionarios que a los propios emprendedores, insistimos en una premisa rectora para estos últimos: conocer las condiciones de las variables de entorno a la creación de la propia empresa siempre reporta algún grado de utilidad, pero resulta esencial esforzarse por mantener un *locus de interno* y separar tajantemente aquellas variables sobre las que se puede incidir de las que no se pueden controlar a partir de las propias acciones. Llorar porque determinadas condiciones (incontrolables desde la escala micro) no son como deberían, sólo resulta una pérdida de tiempo o termina abonando a la inacción.

Ecosistema emprendedor

"Montemos nuestro propio Silicon Valley", dijeron. Y trataron de replicarlo en setenta y nueve lugares del mundo. Como si fuera un *copycat* del famoso valle de silicio. Pero las resultantes fueron invariablemente de mala calidad en relación al original. La vocación de desarrollo regional es un objetivo siempre loable, pero pensar que podremos lograrlo tecleando 'ctrl+c/ctrl+v' en el territorio es un pensamiento ingenuo.

Una vez le preguntaron a Daniel Isenberg, desde Corea, cómo podían copiar el modelo de desarrollo emprendedor israelí. Su respuesta fue irónica: "procura que todos tus países vecinos te declaren la guerra". La lección es clara: no hay dos lugares en el mundo que puedan replicar las mismas condiciones. Sin embargo, al asumir eso, la estrategia resultante es potente: pensar el desarrollo emprendedor en el marco de un ecosistema, una trama viva de interrelaciones, y actuar en consecuencia.

Puedo plantar pinos canadienses en Patagonia. Pero jamás podré replicar las mismas condiciones del ecosistema original. Los bosques serán cualitativamente diversos. No crecerán pastos debajo de los árboles porque no hay especies adaptadas a su resina ácida. Los animales e insectos serán distintos. Los hongos tendrán características propias. Y hasta una empresa local podrá diferenciar sus aceites esenciales de pino porque tendrán trazas propias, distintas del aroma extraído de los pinos crecidos en sus hábitats originales. A los pinos resultantes los habrán afectado las condiciones de temperatura, exposición al sol y fuertes vientos. El comportamiento del ecosistema es holístico: al tocar cualquier pequeña variable, el entorno se modifica impredeciblemente. Un invisible lazo une estrechamente todos los factores. Puedo no ver los hilos, pero allí están, condicionando a la vez lo general y lo particular.

Para explicar el desarrollo emprendedor (nuevamente, 'desde arriba'), Isenberg (2010, 2011) utiliza el concepto de Ecosistema emprendedor y toma los diversos factores como las fuerzas vivas que operan en el campo de la creación de empresas.

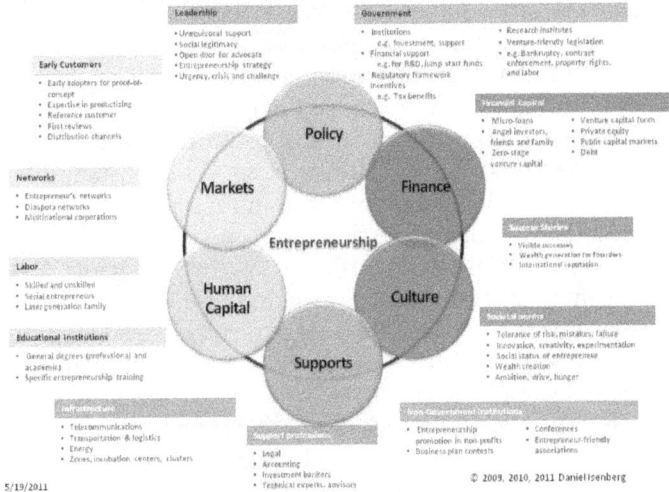

Domains of the Entrepreneurship Ecosystem

Fuente: Isenberg, 2011.

Según su propuesta, el emprendedorismo se desarrolla en el centro e interrelación de diversos factores, entre los que se cuentan las condiciones del mercado, las políticas, el capital financiero, la cultura, el capital humano y los medios de soporte de las actividades.

Dentro de estos grandes globos, el autor desagrega los factores más importantes relativos a cada uno de ellos. Las redes entre los emprendedores, los 'clientes tempranos', la *expertise* productiva y los vínculos de exportación serán cruciales para definir las características del mercado. Las instituciones, los organismos de investigación y desarrollo, las legislaciones aplicadas a nuevas empresas, la jerarquización estratégica del emprendedorismo y los marcos regulatorios de las actividades darán el marco político del ecosistema. La disponibilidad de financiamiento apto para diversos estadios y rubros empresariales determinarán las condiciones del capital financiero. La valoración y el estatus social de los emprendedores, la tolerancia al riesgo y al fracaso, los casos de éxito visibles, la aspiración y la reputación internacional de la región configurarán el entramado de la cultura emprendedora local. Las capacidades, habilidades (específicas e inespecíficas), la formación profesional y el entrenamiento emprendedor conformarán el capital humano regional. Y, por último, el soporte al emprendedorismo estará conformado por la infraestructura (telecomunicaciones, transporte y logística, energía, incubadoras, parques industriales, centros), por las organizaciones no gubernamentales (asociaciones sin fines de lucro vinculadas al emprendedorismo, eventos, concursos, conferencias, etc.) y por los profesionales de soporte (abogados, contadores, expertos, asesores, etc.).

Usemos estos criterios como estándar y analicemos cualquier caso de éxito mundial, desde el Silicon Valley e Israel, hasta Suecia o Noruega. Sin dudas, cada indicador dará resultados diferentes y presentará condiciones particulares de acuerdo con la dinámica política, social, económica y cultural del lugar. Tomando las variables aisladas, un mismo indicador puede dar muy mal en un entorno exitoso y muy bien en un entorno que dificulta el desarrollo emprendedor. Es que no importa tanto la parte como el todo. El resultado final depende de cómo interactúan entre sí todos los factores, incluso más allá de los sujetos. Los ecosistemas no son sumas de factores, son un entramado inextricable de relaciones.

Entender que la complejidad es una premisa del enfoque ecosistémico en desarrollo emprendedor ayuda a evitar la infructuosa búsqueda de recetas mágicas. "No hay una política bala de plata", señala Isenberg (2011). Mejorar el marco regulatorio, fortalecer la formación emprendedora, hacer más accesible el capital emprendedor, brindar apoyo e infraestructura son políticas bien intencionadas, pero su impacto es relativo si se implementan aisladamente.

Monitorear las buenas prácticas de los ecosistemas emprendedores fértiles resulta una estrategia de *benchmarking* inspiradora. No está mal el reflejo de 'copiar'; lo que usualmente falla es el proceso para lograr la correcta 'adaptación'. Con medidas abruptas y aisladas, se apresuran los tiempos institucionales, las prácticas no se condicen con las dinámicas locales, las medidas no se soportan sobre liderazgos locales y se insiste con estrategias impuestas de-arriba-hacia-abajo (*top-down*), por lo que suelen obtenerse resultados parciales o incluso adversos. En cambio, desarrollar el propio ecosistema, con las condiciones de base de la región, "requiere tiempo, esfuerzo y recursos, así como también experimentación y aprendizaje hasta que evolucionen las configuraciones únicas correctas", señala Isenberg (2011).

Una lección clave del enfoque ecosistémico

Los líderes políticos suelen pensar el desarrollo desde una perspectiva lineal y buscan potenciar la competitividad en el entorno regional a partir de los recursos disponibles. Y es un buen enfoque. Salvo que en esa linealidad, suelen enfocarse casi exclusivamente en los recursos naturales. Mirado de esa manera, las propuestas de-arriba-hacia-abajo (top-down) resultantes buscarán estimular el desarrollo empresarial encausado en los rieles trazados por dichos recursos.

Analizando el caso de Islandia desde una perspectiva centralizada y de-arriba-hacia-abajo, Isenberg (2011) identifica sus ventajas comparativas con la energía geotermal, la belleza natural y la pesca. Sin embargo, señala que las empresas más competitivas del país tienen que ver con la industria farmacéutica, con los juegos online y con las prótesis médicas. La mente del planificador, característica del paradigma de desarrollo centralizado que estuvo vigente hasta la década de 1960, estalla en este punto.

Y es que faltó incluir en el diagnóstico el principal recurso de los ecosistemas emprendedores: los emprendedores. Que, como todos sabemos, son humanos y, por tanto, difícilmente predecibles. A menudo, los recursos naturales no son un componente clave en los ecosistemas. Por el contrario, las personas siempre lo son. Asumir esto tiene una implicancia práctica directa: hay que estar preparados para la sorpresa. La tarea del gestor del ecosistema emprendedor no tiene que ver con direccionar el campo de oportunidades. Por el contrario, eso puede 'adormecer' el olfato emprendedor. En palabras de Isenberg (2011), no es necesario indicarles a los emprendedores dónde están las oportunidades; su trabajo es olfatearlas, y el proceso mismo de intentar, fracasar, reorganizar y volver a intentar agudiza y mejora el espíritu empresarial.

La mundialmente conocida frase de Einstein que reza: "si buscas resultados distintos, no hagas siempre lo mismo" aplica al desarrollo. El fomento de la innovación en el territorio no consiste en tratar de mejorar los procesos tecnológicos para seguir explotando los recursos tradicionales, sino en generar las condiciones para que las personas de la región generen de abajo-hacia-arriba (*bottom-up*) alternativas que no se les hubieran ocurrido a los planificadores. La planificación es el beso de la muerte de la innovación. En palabras de Pierre Laubies (en Bidwell, 2017): "la disrupción se trata de encontrar nuevas formas de mantenerse relevante y cada empresa humana aspira a ello. Sin embargo, aprendí una cosa sobre la disrupción: no puedes planearla, pero debes organizarte para ella".

Comunidades *startup*: el ecosistema desde el punto de vista de los emprendedores

Tal como señalábamos desde las propuestas del sistema y del ecosistema emprendedor, el proceso de creación de empresas se da en un contexto determinado, que puede influir de manera positiva o negativa en los emprendedores. Sin embargo, que el contexto esté determinado no presupone un enfoque determinista sobre el desarrollo emprendedor. Por el contrario, los emprendedores desafían el contexto, rompen los pronósticos y, en tanto lo hacen, son actores de cambio en el entorno. Podemos decir que, en diversas escalas, son influenciados y a la vez influencian el ecosistema emprendedor.

Así como en puntos anteriores problematizábamos la influencia de lo macro sobre lo micro, en este punto tenemos que reivindicar la capacidad de lo micro para incidir sobre lo macro. Lo colectivo afecta lo individual, y a la inversa. Ante el mismo contexto, diferentes personas suelen tomar distintos cursos de acción. En última instancia, esto se debe a que el contexto es en parte un *punto de vista*[69]. En función de los capitales (humano-cultural, social, económico e institucional), las personas tendrán diferentes percepciones de su entorno y en consecuencia actuarán de distintas maneras.

En un franco acto de egotismo, durante varios años las instituciones que promueven el desarrollo emprendedor se autodenominaron 'ecosistema emprendedor', como si el ecosistema pudiera reducirse a un conjunto de instituciones –en el mejor de los casos– interrelacionadas. No es necesario enfatizar en este punto que existen miles de factores no controlables ni por los emprendedores ni por la mayoría de las instituciones.

---

[69] En Epistemología, es una discusión saldada la influencia condicionante que ejerce la *carga teórica en la observación* (cfr. Popper, K., 1983; Kuhn, T., 1962; Hanson, N., 1958). No existe una "observación pura" sino que, por el contrario, el objeto observable se construye a partir de la carga teórica subyacente en el observador. En emprendedorismo, el concepto de "vigilancia" (*alertness*, cfr. Kizner, 1973) hace hincapié en cómo determinados emprendedores perciben oportunidades en el mismo ámbito en que otras personas perciben limitaciones o problemas. Si bien Kizner no profundizó acerca de cómo se adquiere o desarrolla esa habilidad, sugiere que, en muchos casos, aquellas personas ajenas a una situación determinada (*outsiders*) cuentan con una ventaja adicional sobre aquellos involucrados en la situación para identificar posibles oportunidades (Glancey y McQuaid, 2000, citado en Federico, J. 2006).

Está claro que la existencia de instituciones especializadas que presten servicios de calidad contribuirá al desarrollo emprendedor. Sin embargo, por la diversidad de rubros en que los emprendedores pueden iniciar una actividad económica, y por las diversas etapas que –de manera no lineal– atraviesan en el proceso de fundación de una empresa, sus necesidades son múltiples y superan ampliamente la oferta de cualquier institución y/o programa. Aún más: los emprendedores creaban empresas mucho antes de que surgieran programas específicos para estimularlos. Una confirmación empírica sobre este postulado se encuentra en la publicación *Entrepreneurial Ecosystems Around the Globe and Early-Stage Company Growth Dynamics* del World Economic Forum (2014). En el marco de la investigación que lo soporta, se demuestra la vinculación e influencia en empresas tecnológicas (de internet y media) en Buenos Aires, desde mediados de la década de 1990 hasta la actualidad. Este ejemplo es puntualmente interesante para ilustrar que en buena medida el desarrollo emprendedor es algo que sucede muchas veces de manera independiente de –y en el peor de los casos, a pesar de– los programas e instituciones.

La dificultad de base en la interacción para potenciar el desarrollo emprendedor en un entorno dado se centra principalmente en el punto de vista que asumen los diversos actores. Mientras que los fundadores están concentrados específicamente en los desafíos intrínsecos a su proyecto, los demás actores (técnicos, políticos, referentes institucionales, representantes de cámaras y organizaciones empresariales, inversores y bancos, etc.) miran el fenómeno 'desde arriba' y están atentos a la dinámica general más que a los desarrollos particulares. Los emprendedores se concentran en su árbol, los demás actores están mirando el bosque.

Así y todo, la potencia de una comunidad para fomentar la empresarialidad tiene que ver con la diversidad y con la especialización de funciones. La comunidad *startup* es 'alimentada' por servicios de base prestados por universidades, mentores, el gobierno, grandes compañías, servicios profesionales e inversores. En los ecosistemas maduros, las universidades generan conocimiento e innovación en sus laboratorios de investigación, instituyen programas de emprendedorismo y tecnología, y conectan alumnos y docentes con el ámbito empresarial a través de sus unidades de vinculación. Los mentores brindan conocimientos prácticos y asistencia a los emprendedores por motivaciones extraeconómicas. Las grandes empresas generan espacios de inserción en sus cadenas de valor para nuevas compañías, y lanzan programas para promover *startups*. Los inversores aportan capital a empresas en distintas fases de desarrollo, y los profesionales brindan servicios contables, legales, comerciales, financieros, etc.

La interacción entre emprendedores e instituciones reviste algunas complejidades por los puntos de vista –focales o globales– que asumen. En particular para el gobierno es aún más complejo, en la medida en que los procedimientos estatales responden a lógicas administrativas de racionalidad causal o planificadora.

Emprendedores	Gobierno
Autocentrado	No autocentrado
De-Abajo-Hacia-Arriba	De-Arriba-Hacia-Abajo
Enfoque Micro	Enfoque Macro
Propenso a la Acción	Propenso a la Regulación
Impacto	Control

Fuente: Elaborado en base a Feld, 2012.

Mientras que los emprendedores tienen un enfoque autocentrado, el gobierno asume una visión global, de conjunto. Los emprendedores impulsan iniciativas de-abajo-hacia-arriba (bottom-up) mientras que el gobierno propone de-arriba-hacia-abajo (top-down). Los emprendedores mantienen su atención centrada en aspectos micro, y el gobierno mantiene su atención centrada en aspectos macro. Los emprendedores son propensos a la acción, y los gobiernos a la instrumentación de planes y de políticas. Los emprendedores se centran en el impacto, y los gobiernos en el control. Aplicando la propuesta de Sarasvathy (2008), el antagonismo se transforma en una abierta oposición de puntos de vista, dado que los emprendedores mantienen una lógica efectual, centrada en los medios (vínculos y recursos) de que disponen para conseguir resultados abiertos, mientras que los demás actores (programas, gobiernos, bancos, inversores, etc.) imponen una lógica causal centrada en resultados predefinidos y en la planificación de los medios necesarios para alcanzarlos. Teniendo en cuenta esto, el desafío de la comunidad se centra en encontrar puntos de contacto entre ambas lógicas.

En relación al liderazgo de la comunidad *startup*, Feld (2012) señala sin ambigüedades que quienes deben conducirla son precisamente los emprendedores. Si los demás actores son los que 'alimentan' a la comunidad, los emprendedores son los que la lideran. Bajo su conducción recae la articulación y direccionamiento de los recursos del entorno en favor de la fertilidad empresarial. En vez de intentar totalizar la escena, los demás actores deben entenderse como partes de un mecanismo que requiere diversidad y complementariedad, en un sistema complejo cuyo *output* son nuevas empresas exitosas.

Aplica a las comunidades la misma lógica incremental que expresábamos a través de la *curva de Rogers*: hasta que no haya una masa crítica de nuevas *startups*, el fenómeno no logrará escalar. Unos o dos árboles sueltos no constituyen un bosque. Es necesario recordar cuál es la materia prima de los ecosistemas y comunidades emprendedoras: el talento emprendedor. El capital humano emprendedor se consolida a través de la concreción de proyectos exitosos, que a su vez atraen nuevos talentos y estimulan nuevos proyectos. Pero lograr una masa crítica expansiva es el desafío inicial de toda comunidad.

Tenemos una buena noticia: el emprendimiento es contagioso. Su efecto multiplicador se basa en la *ley de los pequeños* números del desarrollo emprendedor de Isenberg (2010). A través del trabajo conjunto para generar eventos y condiciones sistémicas que fomenten la empresarialidad se generan casos que deben hacerse notorios para ejercer *modelo de rol* en términos de deseabilidad y viabilidad para nuevos emprendedores. La presencia de talentos emprendedores y de iniciativas consolidadas es el factor dinamizador de la comunidad.

7

Acompañamiento institucional
a emprendedores

El impacto de la transición de la *managed economy* a la *entrepreneurial economy* se expresó en múltiples ámbitos. Resultó un fenómeno a explicar. En el ámbito académico se generó y se publicó conocimiento para dar cuenta del cambio de escenario. En el ámbito cultural, la épica del emprendedor comenzó a permear en el cine, en libros y revistas, y a cobrar protagonismo en los medios de comunicación. Es que ya no eran las grandes empresas –que dominaron la escena en la posguerra– las que explicaban la innovación, el empleo, el desarrollo y la generación de riqueza, en tanto un nuevo jugador, atomizado, distribuido, cobraba protagonismo en la obra: eran las pequeñas y medianas empresas y las nuevas compañías innovadoras las que traían consigo los vientos de cambio.

Si bien diversos autores[70] buscaron evidencia empírica para estudiar la relación entre la creación de empresas y el crecimiento económico –y en algunas economías nacionales de la posguerra se encuentra una explicación del crecimiento basado en empresarialidad–, la relación dista mucho de la causalidad directa. Como sabemos, el desarrollo emprendedor influye en y es influido por el desempeño global de la economía.

---

70 Reynolds et al. (2001), Audretsch y Thurik (2001), Global Entrepreneurship Monitor (1999, 2009, 2011, 2012).

Más allá de este hecho, existe consenso general en que la fundación de nuevas empresas contribuye de forma directa en el desarrollo local a través de la generación de empleo, la diversificación y modernización del tejido económico, la canalización de las energías creativas de la sociedad, la consolidación de las estructuras productivas y cadenas de valor regionales, la introducción de innovaciones y el desarrollo de capacidades endógenas y *saber hacer* (*know how*) local. Por otro lado, entre las externalidades positivas del emprendedorismo se verifica una contribución a la distribución de la riqueza. Los gobiernos no tardaron en interpretar el fenómeno y en entender que tenían que jugar un rol promotor en esa dinámica. Así, en primera instancia los Estados nacionales y subnacionales se concentraron en el desarrollo de políticas PyME en la década de 1990, y en el desarrollo emprendedor a inicios de los 2000. Por supuesto, la tecnología que utilizaron para promoverlo era tecnología empresarial.

En esos años, la literatura de formación empresarial para gerentes de grandes compañías se adecuó para las PyME, tratando de incorporar las recetas de las áreas estratégicas de las grandes compañías a empresas con estructuras más pequeñas y con menor grado de especialización. De repente, el dueño de una PyME era el gerente de marketing, de finanzas, de producción, de recursos humanos y había que entrenarlo para conducir su barco. Poco después, en la medida en que se asumió que el emprendedor era el agente creador de nuevas empresas, se adecuó la misma tecnología y se utilizó un instrumento infalible para estructurar nuevos proyectos: el plan de negocios. Con esta herramienta, se podía reducir la incertidumbre en la medida en que se podía analizar el mercado en el que se comercializarían los nuevos bienes y servicios, estimar los costos, cotejarlos con los márgenes y hacer proyecciones financieras para dimensionar la tasa interna que tendría de retorno del negocio.

Todo esto era un paso crucial para obtener el recurso clave que destrababa el potencial del proyecto: dinero para la puesta en marcha.

Si funcionaba para hacer crecer las PyME, funcionaría también para los emprendedores. La receta era simple: si tienen un buen plan de negocios más algunas garantías, reduciendo tasas e impuestos y facilitando el capital inicial se contribuiría a la puesta en marcha de nuevas empresas. Inexplicablemente, la fórmula fallaba sistemáticamente, y las promesas de 'revoluciones productivas' terminaban en nuevos empresarios fundidos y endeudados. Una cosa es inyectar fondos y estímulos promocionales en una organización que cuenta con un mercado y un modelo de negocios validado, y es otra muy distinta cuando se trata de iniciativas que parten de cero. Las políticas públicas tardaron más de una década en aprender las diferencias entre un emprendedor y un empresario PyME, y en entender que el plan de negocios no es una receta mágica para mitigar el riesgo.

Sin embargo, existe un consenso generalizado en que el Estado debe tener un rol proactivo en la promoción del desarrollo empresarial. Desde su enfoque ecléctico, Verheul et al. (2001) proponen que el gobierno es un actor clave para achicar la brecha entre la tasa efectiva de empresarialidad y la tasa óptima de empresarialidad.

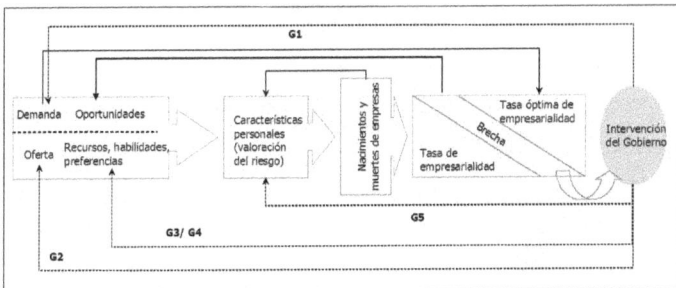

Fuente: Verheul et al., 2001.

El desafío, entonces, estuvo centrado en el doble proceso de entender las complementariedades y diferencias entre la promoción de las PyME y la promoción de los emprendimientos. La mejora y adecuación de las políticas públicas se centró en esta comprensión. Federico (2006) conceptualizó las principales diferencias entre ambos tipos de políticas públicas:

	Políticas de apoyo a PyME	Políticas de desarrollo emprendedor
Foco	Empresas	Individuos
Destinatarios	Empresas existentes (y maduras)	Personas que quieren crear una nueva empresa (o recién la iniciaron)
Objetivo	Apoyar a las empresas para que crezcan y sean más competitivas	Impulsar a mayor cantidad de gente a crear su propia empresa
Enfoque	*Picking the winners*	Toda la población y segmentos particulares dentro de ella (mujeres, jóvenes)
Medios	Mayor uso de incentivos financieros (subsidios, créditos)	Mayor utilización de incentivos no monetarios
Propósito	*"Crear un ambiente propicio para los negocios"*	*"Crear una cultura emprendedora en la sociedad"*

Fuente: Elaborado por Federico, 2006, en base a Lundström y Stevenson, 2002.

Sin embargo, la complejidad de las políticas públicas y de las propuestas de diversas ONG comprometidas con el desarrollo emprendedor se manifestó en la amplitud y en la diversidad: ¿en qué momento comienza y en qué deben enfocarse prioritariamente las iniciativas para promover el desarrollo emprendedor?

Como señalábamos en apartados anteriores, para impulsar el desarrollo emprendedor es necesario estimular diversos tipos de capitales, algunos de los cuales comienzan a consolidarse desde edades tempranas, por lo que la promoción de una sociedad emprendedora requiere un enfoque estratégico integral y extendido en el tiempo, adecuado a los requerimientos de cada fase del desarrollo emprendedor.

Como explicitamos anteriormente, Kantis (2008) enumera cuatro capitales requeridos para el desarrollo emprendedor: capital humano, capital social, capital financiero y capital institucional. Los programas de desarrollo emprendedor deben incorporar esta visión integral en relación a los capitales a incrementar, pero ningún programa o institución tiene la capacidad de hacerlo por sí solo. En la siguiente imagen (fundada en el enfoque de intervención estatal para la corrección de las fallas del mercado) se entrecruzan las etapas del proceso emprendedor con los capitales que cobran mayor incidencia en cada fase.

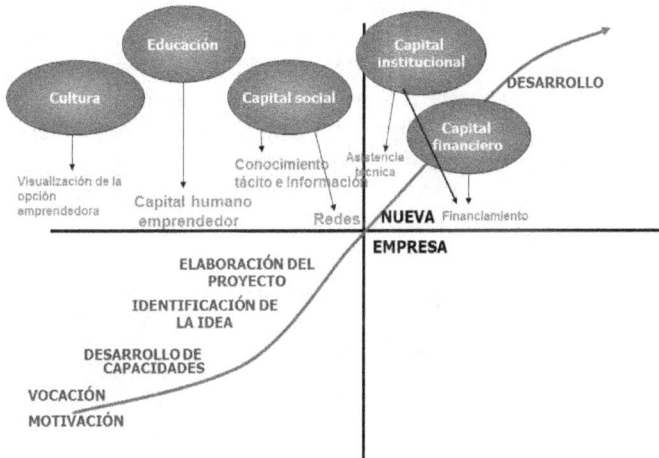

Fuente: Kantis, 2008.

Analizando los requerimientos específicos de cada fase del desarrollo emprendedor, Kantis et al. (2012, 2017) clasificaron las políticas públicas en función de su finalidad y de la etapa en el ciclo de vida de las empresas en la que se enfocan. Así, consideran de:

Tipo I a las iniciativas que buscan ensanchar la base de emprendedores, incidiendo sobre los diversos aspectos que conforman el capital humano (cultura, educación, condiciones sociales). Los programas de formación de emprendedores en la educación formal e informal, el estímulo de la cultura emprendedora a través de actividades y eventos, y mantener el tema en la agenda pública y en los medios de comunicación masiva pueden considerarse políticas de este tipo.

Tipo II a las que buscan ampliar el campo de oportunidades. Aplican en este tipo el acompañamiento para consolidar proyectos, los concursos, desafíos de innovación, la vinculación de emprendedores con necesidades y oportunidades en diversos mercados, etc.

Tipo III a las que buscan facilitar la puesta en marcha de empresas. Las incubadoras de empresas y aceleradoras de negocios se focalizan mayormente en este segmento.

Tipo IV a las que apuntan a la consolidación y crecimiento empresarial. En este campo entran los programas orientados a PyME y las acciones de organizaciones especializadas tales como Inicia[71], Endeavor[72], ASEA[73], EMPREAR[74], entre otras.

Tipo V a las que se concentran en la innovación empresarial. Encajan en este tipo diversas acciones vinculadas a centros de investigación y desarrollo y las iniciativas del COFECYT[75].

---

[71] https://goo.gl/fy21tL
[72] https://goo.gl/Sp5bJV
[73] https://goo.gl/F8VJPG
[74] https://goo.gl/gwCf2E
[75] https://goo.gl/r6CTi5

Tipo VI a las que buscan fortalecer las capacidades institucionales del ecosistema emprendedor. Programas tales como Ciudades para Emprender[76] y Clubes de Emprendedores[77] del Ministerio de Producción, o el Programa de Ciudades de CIPPEC[78], califican en este tipo.

Sumando una visión ecosistémica, centrada en la diversidad de capitales a fortalecer, y en las diversas fases y niveles en los que es necesario incidir para promover la empresarialidad, podemos rápidamente concluir que la interinstitucionalidad es un prerrequisito para generar condiciones sistémicas fértiles: ninguna institución ni programa, por amplios que sean sus recursos y objetivos, puede incidir positivamente en todos los factores que intervienen en el proceso emprendedor. Por esta razón, más importante que "la" institución o "el" programa es la red de actores sociales, empresariales e institucionales que constituyen el entramado que da soporte a la actividad emprendedora en un entorno determinado. Una de las mayores virtudes de cada institución y/o programa es conocer sus propios límites y tener una agenda de vínculos estratégicos que le permita contactar a los emprendedores, según sus necesidades, con otras instituciones, programas, empresas, inversores, etc.

Desde el punto de vista de los emprendedores, la filiación con programas e instituciones adquiere una connotación pragmática. Dado que normalmente inician su tarea con déficit de capitales, en la puesta en marcha de su empresa se convierten en especialistas "cazarrecursos"; cuando se vinculan con un programa y/o institución, lo hacen en función de la expectativa de proveerse de un bien o un servicio que consideran que estos pueden brindarle. Su vinculación suele ser transaccional y se mantiene en la medida en que se cumplen sus expectativas. La frontera entre instituciones y programas es, desde la perspectiva del emprendedor,

---

[76] https://goo.gl/J6nh2a
[77] https://goo.gl/A8V81S
[78] https://goo.gl/9kzqKw

absolutamente artificial. La integración del sector público con el sector privado y con el tercer sector es una necesidad primaria a la hora de construir redes de apoyo eficientes para promover la empresarialidad.

Esto significa un desafío para cualquier espacio de promoción de emprendedores en la medida en que, además de ser altamente eficiente en su acompañamiento directo, debe ser un buen gestor del ecosistema emprendedor de su región, generando vasos comunicantes entre los emprendedores y los demás actores del entorno, poniendo en valor las capacidades personales e institucionales y estableciendo estrategias de captación, retención e impulsión de empresas con potencial. Tanto los emprendedores como los gestores del desarrollo emprendedor deben ubicarse en el centro (simbólico) del ecosistema emprendedor y lograr que las variables de entorno sobre las que se puede incidir jueguen a favor de la empresa.

Un aspecto a tener en cuenta a la hora de pensar las iniciativas de acompañamiento institucional de emprendedores es que los logros deben estar alineados a la motivación de los emprendedores. El fomento de la cultura emprendedora fue incidiendo positivamente en Argentina, según lo mensura el *Global Entrepreneurship Monitor* con su 'Índice Motivacional'[79]:

---

[79] El *Global Entrepreneurship Monitor* define el 'Índice Motivacional' como "el porcentaje de personas involucradas en actividades emprendedoras en estadios tempranos (TEA) que están motivadas por las oportunidades de mejora, dividido por el porcentaje de actividades emprendedoras en estadios tempranos (TEA) que está motivado por la necesidad". Fuente: https://goo.gl/pH9fy1 (consultado el 14/7/2018).

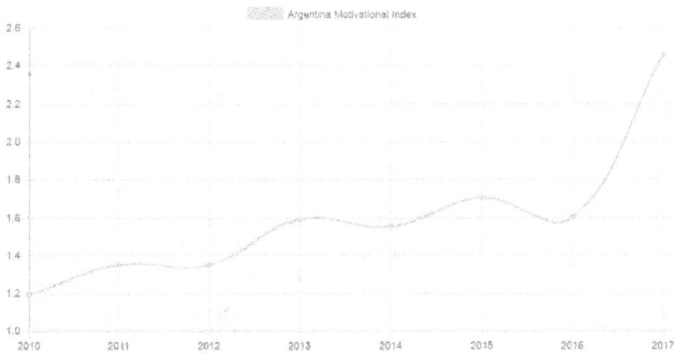

Fuente: https://goo.gl/RDnRDP (consultado el 14/7/2018).

Pero las perspectivas de los emprendedores y de los gestores del desarrollo emprendedor son también antagónicas en este punto. Thurik et al. (2008) ofrecen una interesante visión al respecto:

Los objetivos de las políticas generalmente no se corresponden con los motivos de los emprendedores. Casi nadie comienza un negocio para lograr innovación, creación de empleo o crecimiento económico a nivel nacional. En cambio, las personas desean beneficios personales, o autonomía, entre otros, o simplemente se ven obligados a emprender porque no tienen otras opciones (Shane et al., 2003; Locke y Baum, 2007). Aun así, el tipo de motivación empresarial individual puede determinar los objetivos y las aspiraciones de la empresa, lo que a su vez puede determinar los resultados macroeconómicos. En cualquier caso, es vital para los responsables de las políticas saber qué factores dentro de su esfera de influencia se correlacionan con la motivación empresarial individual y cómo las motivaciones empresariales se relacionan con las aspiraciones.

Aplicando los conceptos que aplican al diseño de modelos de negocio, los programas e instituciones tienen que tener una propuesta de valor potente para los emprendedores, diseñar, e implementar sus servicios *a partir del* usuario.

Malas prácticas

Por la amplitud del fenómeno emprendedor y la diversidad de rubros y necesidades de los emprendedores, la mayoría de las instituciones o programas establecen un objetivo institucional (amplio o restringido) y se enfocan en un público destino. Desde la perspectiva de los programas o instituciones, y asumiendo que las necesidades de los emprendedores son ilimitadas mientras que los recursos para abastecerlas son siempre limitados, es de alguna manera inevitable que los programas definan una frontera para concentrar sus acciones y establezcan un foco institucional a fin de reducir la complejidad del proceso emprendedor a un recorte específico sobre el que trabajarán, descartando otros aspectos que quedarán por fuera del foco del programa o institución. El resultado de este recorte resulta una primera fragmentación o reducción del fenómeno emprendedor. Algunas instituciones o programas se focalizarán en el fomento de la cultura emprendedora en un segmento motivacional, otras en el desarrollo de capacidades y formación de emprendedores, en el acompañamiento para definir el plan, modelo de negocios o formulación del proyecto, en la capacitación técnica específica o productiva, en financiamiento inicial, en financiamiento de empresas en marcha, en la aceleración del crecimiento de *startups* consolidadas, etcétera. Algunas instituciones apuntarán a un público amplio buscando un impacto general y otras tendrán estrategias de "selección de los mejores" (*picking the winners*) buscando resultados concentrados. Pero, además, las instituciones y programas, en su proceso de focalización, realizarán una redefinición ontológica del emprendedor: nomenclarán la diversidad, y se enfocarán en un *tipo* específico de emprendedores (de alto impacto, tecnológicos, rurales, de base universitaria, etc.).

Hasta aquí no tenemos ningún problema, en tanto la especialización lleva a una mejor atención de las necesidades específicas de los emprendedores. Desde una visión integral del proceso emprendedor tipificado en las fases de gestación, puesta en marcha y desarrollo inicial, debe tenerse en cuenta que las necesidades del equipo emprendedor van modificándose sustancialmente en la medida en que avanza de fase en fase. Mientras que en etapa inicial la clave es la ideación de la oportunidad y del modelo de negocios, en la etapa de puesta en marcha la clave es la articulación de recursos, y en la fase inicial la clave es la gestión administrativa, la captación de clientes y escalado en las ventas, el crecimiento/consolidación del equipo emprendedor y de sus alianzas estratégicas. Las herramientas y servicios de una institución o programa pueden ser muy efectivas en una fase del proceso y totalmente inútiles en la siguiente o en la anterior.

Si la institución con la que se vincula el emprendedor tiene una dinámica de trabajo aislado, homogeniza sus servicios sin adecuarlos a las necesidades del estadio que transita el emprendimiento o no vincula ágilmente al emprendedor con otras instituciones más efectivas para esa fase, puede estar captando emprendedores a los que no les aporta valor real. Y como sabemos, en todos los ámbitos sociales se cuecen habas. Es propio de los seres humanos y en el ámbito emprendedor no es la excepción. Una reconocida referente del emprendedorismo a nivel nacional se refiere a este aspecto parafraseando el concepto de ecosistema emprendedor, denominándolo 'egosistema emprendedor'. Muchas veces, en vez de colaborar, las instituciones y los programas compiten entre sí, en perjuicio de la diferenciación y la complementariedad de las herramientas de acompañamiento y, en última instancia, de los emprendedores.

Buenas prácticas

Existe una vasta oferta de literatura especializada en políticas públicas de desarrollo emprendedor y recomendamos fuertemente consultarla de manera periódica a quienes estén involucrados en programas e instituciones vinculadas a la temática. Esto permite mejorar el diseño y la ejecución de adaptaciones de las mejores prácticas desarrolladas a nivel global. Tal como señalamos en el inicio del capítulo: la especialización en el acompañamiento de emprendedores es reciente, y el aprendizaje se desarrolla de manera distribuida a través de la prueba y conceptualización de experiencias implementadas en diversos puntos del planeta. Como en cualquier otra industria, la vigilancia tecnológica y el *benchmarking* son herramientas útiles para mejorar el desempeño.

En Argentina en particular, la mejora cualitativa de los programas de desarrollo emprendedor fue exponencial en los últimos años tal como lo demuestran las mediciones del *Global Entrepreneurship Monitor* al respecto:

Programas gubernamentales de emprendimiento[80]

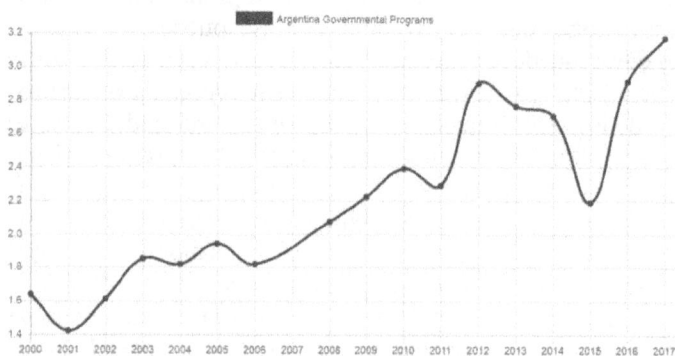

Fuente: https://goo.gl/5XALci (consultado el 14/7/2018).

---

[80] El *Global Entrepreneurship Monitor* define el indicador 'Programas gubernamentales de emprendimiento' como "la presencia y la calidad de los programas que ayudan directamente a las PYME en todos los niveles de gobierno (nacional, regional, municipal)". Fuente: https://goo.gl/xpm5mB (consultado el 14/7/2018).

Políticas gubernamentales: apoyo y relevancia[81]

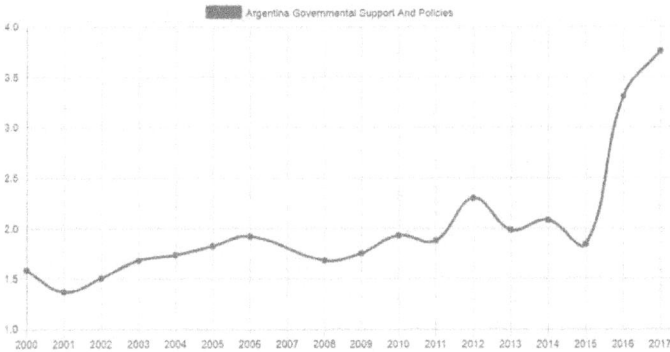

Fuente: https://goo.gl/BkKX4w (consultado el 14/7/2018).

En el presente apartado no pretendemos suplantar las lecturas mencionadas, sino enfatizar algunos aspectos que según nuestro juicio los programas e instituciones de desarrollo emprendedor deben tomar de las propuestas metodológicas que recomiendan a los emprendedores. Los puntos destacados no aspiran a convertirse en un recetario, pero sí a establecer algunos ingredientes que no deberían faltar en la configuración de su oferta.

Centrados en el capital humano emprendedor

Un error clásico de muchos programas de gobierno locales es enfocarse casi exclusivamente en los rubros relacionados con activos naturales como fuentes de oportunidades de negocio. Sosteniendo un paradigma cuasi fisiócrata, asumen que los factores de competitividad están dados por

---

[81] El *Global Entrepreneurship Monitor* define el indicador 'Políticas gubernamentales: apoyo y relevancia' como "la medida en que las políticas públicas apoyan el emprendedorismo: el emprendedorismo como un tema económicamente relevante". Fuente: https://goo.gl/TakYZp (consultado el 14/7/2018).

condiciones agroclimáticas, valores escénicos, reservas de minerales, etc. Desde una perspectiva dinámica, el único activo territorial decisivo a la hora de impulsar desarrollo emprendedor es el capital humano.

De-abajo-hacia-arriba

No existe desarrollo emprendedor posible sin iniciativa y ambición personal. Muchos programas cayeron en la tentación de proponer soluciones 'llave en mano' para emprendedores asignándoles capital y direccionando qué debían producir y a quién debían vender. En la mayoría de los casos, esos programas no suelen cumplir los objetivos establecidos a pesar de erogar cuantiosos recursos para tal fin. Las iniciativas centralizadas realizan complejos cálculos basados en variables económicas, de mercado, de recursos, de tecnología, pero es común que posterguen la variable más básica de cualquier proyecto: el factor humano. Las expectativas y las heterogéneas capacidades de los individuos suelen escapar a toda planificación, aun cuando se establezcan barreras a la entrada con requisitos 'objetivos' (de formación, de edad, de género, etc.).

Si no hay un diseño de las iniciativas centrado en las personas que deberán impulsarlas, cualquier acción está condenada al fracaso. El desarrollo de vocaciones emprendedoras necesariamente debe asumir una lógica de-abajo-hacia-arriba (*bottom-up*) y por tanto los técnicos deben ceder el rol protagónico a la población objetivo y sus aspiraciones. Los técnicos filiados a programas e instituciones no son –generalmente– emprendedores y mal pueden dirigir el fenómeno emprendedor y conducir a otros a realizar una empresa exitosa según estándares técnicos fijados "desde fuera". Las tecnologías blandas que poseen los técnicos son sin duda un activo que puede contribuir a fortalecer el proceso de creación y gestión de las empresas, pero el proceso emprendedor es cualquier cosa menos tecnocrático. Los emprendimientos más innovadores desafían permanentemente los manuales de negocios y corren las fronteras de lo posible.

Sin embargo, como contracara, un gran porcentaje de emprendedores fracasa por no incorporar pautas técnicas y profesionalizar su empresa. Desde esta perspectiva simbiótica entre el conocimiento y la acción, el rol de los profesionales debe asumir un formato técnico-participativo favoreciendo la conducción estratégica, pero cediendo el liderazgo al equipo emprendedor. El paternalismo técnico es el más eficiente antídoto contra el emprendedorismo porque impide el desarrollo de competencias emprendedoras en los titulares de la empresa. El tutelaje permanente mina el desarrollo de capacidades endógenas y cercena el desarrollo de capital humano a partir de la experiencia que adquieren sobre la marcha los fundadores en sus nacientes empresas.

Abordar la complejidad

Reiterando el concepto, por la diversidad de rubros en que los emprendedores pueden iniciar una actividad económica y por las diversas etapas que –de manera no lineal– atraviesan en el proceso de fundación de una empresa, las necesidades de los emprendedores son múltiples y superan ampliamente la oferta de cualquier institución y/o programa. Isenberg (2010) introduce el concepto de "ecosistema emprendedor", poniendo énfasis en los diversos "grupos de interés" (*stakeholders*) que intervienen en el desarrollo emprendedor en un territorio dado: gobierno, colegios, universidades y espacios de ciencia y técnica, empresas, inversores y bancos, sindicatos, fundaciones y organizaciones sin fines de lucro, organismos multilaterales y de cooperación internacional, entre otros. La vocación emprendedora de la población y la fundación de empresas exitosas están condicionadas por el capital humano y social, la cultura, la dinámica del mercado, el sistema financiero, las políticas

públicas, las condiciones de infraestructura y las instituciones y profesionales que brindan soporte a la actividad
empresarial. Únicamente un enfoque que aborde la complejidad puede dar una correcta interpretación del fenómeno emprendedor. Los programas e instituciones deben
entenderse a sí mismos como una pequeña pieza de un
gran engranaje, conocer sus fortalezas y sus propios límites para poder articular con los demás actores y factores
del ecosistema.

Entendiendo e interpelando a sus usuarios

Conocer el público meta con que se trabajará en los
diversos programas e instituciones es el punto de partida
para adecuar las herramientas de promoción necesarias. La
ambición y el sentido de progreso son valores culturales
absolutamente relativos, pero a todas las culturas subyace
un sentido –propio– de bienestar. La promoción del desarrollo emprendedor en diversos contextos debe asumir el
objetivo que establece cada comunidad o segmento social,
pero siempre interpelando y ampliando el ámbito de lo
posible. Ningún ser humano en su sano juicio se impulsa
a la acción hacia aquello que considera imposible. Si bien
los más venturosos individuos que lograron innovaciones
radicales en el arte, en la ciencia y en los negocios fueron en contra de lo establecido, tuvieron como combustible secreto una inagotable dosis de autoconfianza; para
los menos aventureros reina el refrán que reza "allí donde fueres, haz lo que vieres". Asumiendo esta posición, el
Global Entrepreneurship Monitor mide la 'cultura y normas
sociales' que estimulan acciones tendientes a emprender en
los diversos países, "reconociendo que los emprendedores
son impulsados no solamente por sus propias percepciones
sobre iniciar un negocio, sino por las actitudes de aquellos
que los rodean". Desde el organismo, amplían esta posición
argumentando:

Los emprendedores tienen que estar dispuestos a tomar riesgos y tener creencias positivas acerca de la disponibilidad de oportunidades a su alrededor, de su capacidad para poner en marcha negocios, y del valor de hacerlo. Al mismo tiempo, necesitan de clientes que estén dispuestos a comprarles, vendedores dispuestos a suministrarlos y familias e inversores dispuestos a apoyar sus esfuerzos. Incluso la valoración social positiva sobre el emprendedorismo puede estimular indirectamente esta actividad. (Bosma, Corduras, Litovsky y Seaman, 2012)

En última instancia, la "oferta de emprendedores" (en términos de Verheul et al., 2001) depende de la motivación social emprendedora y de las vocaciones individuales que se orienten a actividades económicas independientes. Por tratarse de un componente cultural, lejos de ser un factor "dado" e inmodificable, el estímulo de la realización personal y social a través del emprendedorismo es una premisa de base para cualquier institución y programa que pretenda impulsar seriamente el inicio de actividades económicas rentables lideradas por actores locales.

Codiseño de los programas

Debido a la importancia creciente que inviste la temática emprendedora por los efectos directos y las externalidades positivas que genera en los campos del desarrollo económico, social y cultural, es de esperarse que cada vez más instituciones implementen algún tipo de programa de desarrollo emprendedor. Como ya señalamos insistentemente, desde la perspectiva ecosistémica cada programa es –y debería concebirse a sí mismo como– un nodo de la red de apoyo a emprendedores. Cuando los programas son impulsados desde el espacio público o desde el tercer sector, es importante incorporar las definiciones específicas del ámbito territorial e instrumentar espacios de codiseño con los emprendedores que constituirán el público-meta a fin de mantener un direccionamiento técnico-participativo (con una retroalimentación de abajo-hacia-arriba y de arriba-hacia-abajo). Incorporando valores de la cultura digital, los programas deberían tener un diseño centrado en el usuario (*human centered design*) a fin de garantizar mayores niveles de efectividad.

La cocreación de espacios y de programas presupone la resignación del poder tecnocrático y la descentralización del liderazgo a fin de crear las condiciones de base que permiten la toma conjunta de decisiones estratégicas. Tanto el proceso de diseño como el de implementación de los programas debe estimular el aprendizaje conjunto y autoguiado de técnicos, decisores y emprendedores. Por la diversidad de intereses y de racionalidades subyacentes en los diversos actores, es importante señalar que el estadio superador de la tecnocracia no es, bajo ningún punto de vista, la delegación irrestricta del espacio de poder a los emprendedores. Dado que, en los programas de desarrollo emprendedor, los emprendedores son precisamente "los clientes" o "la demanda", podríamos aplicar las lecciones que Maurya (2010) deriva de dos célebres frases que popularizó en *Running Lean*:

> "Si le hubiera preguntado a la gente qué necesitaban, me habrían dicho que necesitaban caballos más rápidos". Henry Ford.

> "No es trabajo de los clientes saber qué quieren". Steve Jobs.

En la gran mayoría de los casos, si se pregunta a un emprendedor convencional qué necesita, la respuesta invariable será "dinero". Por lo expuesto en apartados anteriores podemos afirmar con fundamento que no se hacen empresas rentables solamente a partir de inyecciones de capital externo; si no hay una verdadera oportunidad en la base del negocio, cualquier suma de dinero será insuficiente para rentabilizar la empresa. En relación a la perspectiva de abordaje de necesidades, Maurya (2010) señala que, a pesar de que los clientes tienen todas las respuestas, no se puede simplemente pedirles que digan qué es lo que quieren y necesitan. Hay que crear un "contexto adecuado para que los clientes puedan articular claramente sus problemas". Aplicando esta metodología al desarrollo de programas de apoyo a emprendedores, es trabajo de los técnicos y decisores generar el ámbito, interpretar correctamente los problemas y brindarle soluciones efectivas.

Con cultura *agile*: asumir riesgos, fallar rápido y aprender rápido

Un error común en algunos programas de apoyo a emprendedores es confundir el fin con los medios. La exigencia de obtener resultados inmediatos en un proceso que es mediato (la creación o fortalecimiento de empresas) llevó a que muchas instituciones y programas cuantificaran "resultados intermedios" como metas, centrándose en la formulación de planes de negocio, en el financiamiento de proyectos, en horas de asesoramiento técnico, etc. Dado que el accionar institucional incide fuertemente en los emprendedores –especialmente en los emprendedores que no cuentan con experiencia previa–, ellos mismos suelen desplazar su objetivo final (sea crear o escalar la empresa, acceder a nuevos mercados, incrementar la facturación o la rentabilidad, etc.) y concentrarse en las metas propuestas por el programa (formular el plan de negocios, acceder a tal o cual línea de financiamiento, etc.). Esta dinámica o bien genera en alguna medida "parálisis de planificación" en los emprendedores y en el programa, o bien expulsa del programa a los emprendedores más inclinados a la acción (que suelen ser los que, paradójicamente, suelen obtener resultados con mayor rapidez).

Por otro lado, muchos de los emprendedores que se arrojan al mercado y aceleran la puesta en marcha de su emprendimiento sin testear la oportunidad, modelizar adecuadamente el negocio y prever algunos escenarios posibles a fin de minimizar riesgos, suelen engrosar las estadísticas de emprendimientos fallidos y empresas quebradas.

Con el surgimiento de mercados más dinámicos con adopción rápida de nuevas modalidades de diseño, producción, comercialización y consumo –impulsadas principalmente por las nuevas tecnologías–, la necesidad y la posibilidad de "aprender del mercado" se incrementaron notablemente. El riesgo es una condición implícita en el *emprendizaje*, y ningún programa de desarrollo emprendedor es viable sin la asunción de este factor y de la probabilidad de fracaso en la empresa. Tradicionalmente, los programas de desarrollo emprendedor e incluso los bancos e inversores buscaron minimizar los riesgos con 'sobre-planificación' y/o caros relevamientos de mercado. Esta estrategia no resulta generalmente efectiva por dos razones: (i) suele requerir dos recursos que son escasos para los emprendedores: tiempo y dinero, generando costos de oportunidad para el equipo que lidera el proyecto; (ii) el aprendizaje del mercado se realiza por vía indirecta sin testeo directo del modelo de negocios, sin poner en juego las capacidades del equipo emprendedor.

Es importante que ni los programas ni los emprendedores confundan el mapa con el camino.

Ante el dinamismo del mercado y la aparición de modelos de negocios innovadores (mucho de los cuales abrieron vectores de oportunidades para múltiples nuevos negocios), surgieron metodologías que aceleran el proceso de aprendizaje directo en el proceso de puesta en marcha del proyecto. El llamado de Sarasvathy (2008) es a entender la lógica del emprendedor y estimular el aprender-haciendo señalando –en contra del pensamiento causal, estratégico, planificador– que no se trata de que el emprendedor gaste energía tratando de predecir y controlar el futuro sino de hacerlo posible, traerlo al presente. En esta misma línea, Flores (2000) señala que la tarea del emprendedor es "abrir nuevos mundos", crear realidades nuevas y modificar el curso de la historia. Este razonamiento que Sarasvathy define como efectual, "no necesariamente incrementa las probabilidades de éxito de las nuevas empresas, pero reduce los costos de la falla posibilitando que la misma ocurra tempranamente y a menores niveles de inversión".

Por nuestra carga cultural, el "fracaso" tiene una valoración social negativa. Sin embargo, el esquema natural de aprendizaje de los seres humanos incluye una gran dosis de prueba y error. Tres paradigmas incorporan elementos interesantes para aplicar racionalmente ese esquema de aprendizaje al ámbito de los negocios:

(i) el proceso de *desarrollo de clientes* (Blank, 2006), que propone un proceso generación de hipótesis (de problema y de producto), el testeo de las hipótesis interactuando con los clientes, la verificación (el problema, el producto y el modelo de negocios) que permite decidir tempranamente si conviene continuar, iterar o retirarse del negocio.

(ii) el proceso de *lean startup* formulado por Eric Ries (2007), que propone un ciclo de aprendizaje continuo con tres fases: construir (un producto mínimo viable, capaz de testear las hipótesis que fundamentan el negocio), medir (cómo reaccionan los clientes), aprender, tomando decisiones de perseverar o pivotar, iterando el proceso hasta encontrar el producto apropiado.

(iii) el proceso de *lean canvas* que fusiona las metodologías de desarrollo de clientes, generación de modelos de negocios (popularizada por el lienzo de modelización de negocios o *canvas*), *lean startup* y la estrategia de *bootstrapping* (en referencia a iniciar negocios con recursos mínimos o alternativos), proponiendo el testeo del modelo de negocios y del producto: un mismo emprendimiento puede ensayar múltiples modelos de negocios y múltiples productos con cada modelo de negocios si es suficientemente ágil como para tener éxito antes de quedarse sin recursos.

Estas metodologías no sólo incorporan las fallas parciales como parte del recorrido emprendedor, sino que las establecen como condición inevitable para lograr el éxito en la empresa. Si tomamos el acompañamiento de empren- dedores como un emprendimiento, tenemos que tener en claro que las fallas parciales serán inevitables, pero trazan- do una analogía con *lean canvas*, estas podrán contarse en empresas fallidas pero jamás en emprendedores fallidos. Cuanto más dinámicos sean los mercados en los que se insertan los emprendedores acompañados, más ágiles debe- rán ser las reacciones de los programas/instituciones/eco- sistemas que los contengan.

La precondición para que las instituciones y los pro- gramas aprendan de sí mismos es no alterar las *métricas* de los resultados obtenidos. La evaluación honesta de resul- tados suele complotar contra la necesidad institucional de mostrar el costo-efectividad de sus iniciativas de apoyo a emprendedores. Así como un emprendedor no logrará fac- turar más si rechaza sistemáticamente las evaluaciones crí- ticas de sus clientes en vez de modificar su oferta, tampoco logrará impulsar emprendedores exitosos un programa si adultera sus resultados en vez de redefinir estrategias y actualizar herramientas de acompañamiento.

Codiseñar, correr riesgos conjuntos, crear redes inter- institucionales y establecer liderazgo distribuido, aprender de los errores, redefinir ágilmente las propuestas, moni- torear las tendencias, estar abierto a nuevos paradigmas, facilitar el acceso a la información, democratizar el apoyo a emprendedores incorporando herramientas de calidad y transversales a la diversidad de emprendedores potenciales son solo algunos de los elementos que permitirán estable- cer un mayor ajuste de expectativas entre los objetivos de los emprendedores y de los programas o instituciones que nacen para acompañarlos.

Hay una buena noticia para las instituciones, progra- mas y emprendedores que asuman un rol protagónico en la promoción de empresarialidad de base local: cada nuevo emprendimiento exitoso contiene en sí mismo un efecto multiplicador. Para un emprendedor no hay factor motivacional más fuerte que otro emprendedor de su entorno cercano que muestre con su ejemplo vivo que iniciar una actividad independiente es factible y deseable.

Shane, el desmitificador

En el apartado "La escala como limitante" mencionamos al pasar un breve artículo de Scott Shane (2008) en el que problematiza las políticas públicas de desarrollo emprendedor. El título del documento es de por sí sugerente: "Por qué alentar a más personas a convertirse en empresarios es una mala política pública". Para quienes estamos o hemos estado vinculados a programas públicos de desarrollo emprendedor, esta frase inevitablemente nos interpela. ¿Cuál es realmente el rol del Estado en la promoción de nuevas empresas? ¿En qué deberían utilizarse los recursos públicos para promover el desarrollo emprendedor? ¿Qué tipo de empresas requiere el desarrollo local?

La argumentación del autor es lapidaria. Recorre los principales fundamentos presupuestos en los programas de desarrollo emprendedor y utiliza información empírica de diversos países centrales para desmitificarlos. La asociación directa de nuevas empresas con el crecimiento económico, la innovación y la generación de empleo es al menos cuestionable cuando no opaca.

En primer lugar, desacopla el crecimiento económico de la tasa de empresarialidad señalando que se verifica en las economías consolidadas que "la creación de empresas disminuye a medida que aumenta el crecimiento económico". Tal como enfatizábamos cuando diferenciábamos los emprendimientos 'por necesidad' de los emprendimientos 'por oportunidad', a nivel agregado el decrecimiento económico impulsa al mercado empresas de mala calidad (impulsadas por necesidad, es decir, personas que no tienen opciones de conseguir empleo) y el crecimiento económico impulsa al mercado empresas por oportunidad. Por lo que las altas tasas de creación de empresas se verifican precisamente en los países con economías primarizadas, más que en los países desarrollados en los que nace una menor proporción de empresas, pero de mejor calidad. Serán estas últimas las que expliquen la innovación, el crecimiento económico y la generación de empleo.

Con un estilo de argumentación típicamente liberal, Shane (2008) hace un llamamiento contra la intervención, para no *deformar* el mercado de las nuevas empresas[82].

> Tenemos amplia evidencia de que cuando los gobiernos intervienen para alentar la creación de nuevas empresas, estimulan a más personas a iniciar nuevas empresas desproporcionadamente en industrias competitivas con menores barreras a la entrada y altas tasas de fracaso. Eso se debe a que el empresario convencional es muy malo en elegir industrias y elige las que son más fáciles de ingresar, no las que son mejores para las nuevas empresas. En lugar de elegir industrias en las que las nuevas empresas tienen más éxito, la mayoría de los empresarios eligen industrias en las que fracasa la mayoría de las nuevas empresas.

Por lo tanto, al proporcionar incentivos para que las personas comiencen negocios en general, brindamos incentivos para que las personas comiencen el negocio típico, que se habrá fundido en unos pocos años.

Los párrafos son impopulares. Suenan elitistas y restrictivos. De hecho, muchos programas públicos de desarrollo emprendedor buscan democratizar y hacer accesible la creación de empresas a diversos públicos (tal como mencionamos en el apartado sobre los *tipos* de emprendedores). Excusemos a Shane indicando que él está interesado

---

[82] En inglés se utiliza el término *startup* indistintamente para empresas convencionales de bajo impacto y para empresas con potencial dinámico. El autor utiliza esta denominación que decidimos traducir por el genérico 'nuevas empresas' por la connotación dinámica que el término *startup* adquirió en Iberoamérica.

específicamente en el tipo de empresa que puede impulsar el desarrollo económico, generar empleo e innovación. Pero ¿no es acaso este el fundamento que utilizan invariablemente los programas públicos de desarrollo emprendedor, hagan lo que hagan? Si queremos generar desarrollo a partir de la creación de empresas, es probable que debamos prestar atención a este punto.

Competitividad y costo de oportunidad

El año pasado escribimos el siguiente párrafo para una de las clases de un ciclo de formación en desarrollo emprendedor:

> Desde el campo de las políticas públicas a menudo se llevan adelante iniciativas para estimular este tipo de emprendimientos [en referencia a emprendimientos por necesidad] centrados en el impulso de actividades independientes por parte de personas que cuentan con bajas posibilidades de generación económica, chocando con las mismas dificultades que reviste su inserción económica por la vía del empleo de este segmento de la población. En la práctica, la inserción en el mercado del trabajo, tanto por la vía del empleo como por la de las actividades independientes, requiere pisos mínimos de capital humano y social adecuado para lograrla.

La frase no pasó el filtro editorial. "Sociológicamente incorrecta", indicaba un comentario en el margen. Y, por cierto, es impolítica. La teoría que subyace al artículo de Shane es coincidente con el espíritu de nuestra desafortunada afirmación. Las personas con menores competencias para el campo laboral tienden a generar empresas de bajo impacto cuando se inclinan a impulsar actividades independientes[83].

---

[83] Entendemos que se trata de un tema delicado y no pretendemos desatenderlo, pero su abordaje nos llevaría a una vertiente de análisis que excede las posibilidades del presente texto. Sobre los principios vinculados al diseño de programas orientados al apoyo de emprendedores de la base de la pirá-

El Difusionismo es una corriente clásica de la Antropología cultural que no tuvo mayor aceptación a pesar de que se basa en una intuición potente: los seres humanos tendemos a replicar lo que otros hacen cuando lo consideramos deseable y viable. Y, tal como explicitamos, cada quien realiza un análisis individual –aunque influenciado por su entorno– de deseabilidad y viabilidad. Al hacerlo, tendemos a replicar las iniciativas que nos sentimos capaces de impulsar. Claramente la mayoría de las personas tendrá más aptitudes para iniciar un comercio convencional que para fundar una *startup* tecnológica. Hablamos suficientemente de esto en el apartado "No todo es para todos".

Shane es aún más impopular que nosotros y sostiene abiertamente que "no son los mejores empresarios. Sabemos que las personas desempleadas tienen más probabilidades de comenzar negocios que las personas que tienen trabajo. ¿Por qué? Porque tienen menos que perder al convertirse en empresarios", e insiste: "entonces, las políticas diseñadas para aumentar el número total de nuevas empresas atraen desproporcionadamente a los peores empresarios".

La teoría de base que el autor toma para sustentar sus afirmaciones es una de las variantes de las teorías de la elección racional aplicada a los ingresos. Emprender tiene un costo de oportunidad. Cuando alguien se decide a generar ingresos por vía independiente, está resignando los ingresos que podría percibir mediante un empleo en relación de dependencia. Quien tiene un mal empleo o directamente no lo tiene tendrá menor costo de oportunidad para emprender. Será a estos a quienes atraigan las políticas públicas de promoción masiva de creación de empresas, quienes a

---

mide socioeconómica escribimos un artículo específico titulado "Movilidad social ascendente y desarrollo emprendedor, ¿una sinergia posible?". Recomendamos también la lectura del excelente artículo de Hugo Kantis titulado "Emprendedores de origen humilde: ¿cómo incide la estructura social en la creación de empresas en América Latina?".

su vez las aprovecharán para iniciar negocios poco competitivos, que no generarán desarrollo económico, retroalimentando el círculo.

A esta altura, junto con Shane, ya nos habremos ganado muchos enemigos a lo largo de este capítulo. Sin embargo, volviendo al inicio del apartado, es necesario enfatizar que ni el mencionado autor ni nosotros estamos argumentando en contra de la participación del Estado en la promoción del desarrollo empresarial. Todo lo contrario. Estamos concentrados en impulsar el tipo de empresas que contribuya al desarrollo socioeconómico, generadora de riqueza, empleo e innovación. Por eso, analicemos cómo esto es posible.

Empresarialidad y desarrollo local

Sabemos que de la nada, nada sale. Detrás de los países más innovadores y desarrollados hubo políticas de base y de largo plazo para generar las condiciones para el surgimiento de emprendimientos dinámicos, tal como establecimos citando a Freire. Por esto, siguiendo la línea de razonamiento de Shane (2008), en primer lugar hay que establecer claramente lo que objeta sobre los programas públicos de emprendedorismo. No es su implementación, sino su carácter masivo y su vocación para "atrapar a todos" los tipos de emprendedores posibles para impulsarlos, sin discriminar su potencial competitivo ni la industria en la que se insertan. Precisamente por ese foco amplio e inespecífico llamamos a este tipo de programas 'atrapa-todo' (*catch-all*).

Para validar su actuación, estos programas toman como métrica clave indicadores de impacto masivo (cantidad de personas capacitadas, cantidad de personas financiadas, etc.). Si se comprometen con el resultado final, pueden tomar como indicador de desempeño la tasa de empresarialidad o, peor aún, la tasa de natalidad de empresas en un ámbito geográfico determinado.

Con esta estrategia se puede lograr un incremento en la cantidad de empresas creadas, pero difícilmente se pueda incidir en la calidad de estas. Si se da seguimiento a las empresas nacidas a partir de los programas masivos, se suele verificar una fuerte mortandad en los primeros años, y sólo un puñado de estas logrará consolidarse o crecer. Por su parte, los emprendedores más dinámicos (aquellos que generarán riqueza, empleo e innovación) directamente no se vinculan o se vincularán tangencialmente con este tipo de programas. En el diseño de políticas públicas de desarrollo emprendedor, el autor plantea asumir lo siguiente:

> En lugar de creer ingenuamente que todo emprendimiento es bueno, los *policymakers* deben reconocer que solo unos pocos empresarios selectos crearán empresas que sacarán a las personas de la pobreza, alentarán la innovación, crearán empleos, reducirán el desempleo, harán que los mercados sean más competitivos y mejorarán el crecimiento económico.

La estrategia propuesta por Shane (2008) para lograr empresarialidad que contribuya con el desarrollo tiene dos grandes premisas:

a) En primer lugar, direccionar los recursos públicos disponibles a las empresas ya consolidadas, en tanto son estas las que generan mayor impacto en el empleo y la inversión implica menos riesgos en tanto ya cuentan con productos y modelos de negocio validados.

b) Implementar iniciativas y programas direccionados a la creación de empresas de alta calidad y alto crecimiento: "el principio general es cambiar los recursos de los programas que respaldan los esfuerzos genéricos de emprendimiento a aquellos que respaldan negocios de alto potencial".

Estas políticas públicas de desarrollo emprendedor son polémicamente opuestas a las anteriores. En vez de 'atrapar todo', elijen a los mejores. Estos programas focales instituyen iniciativas en las que se 'selecciona a los ganadores' (*picking the winners*). La premisa básica "significa identificar los pocos nuevos negocios seleccionados, de la multitud de nuevas empresas creadas cada año, que son más productivas que las empresas existentes e invertir en ellas".

Una de las objeciones para las iniciativas que proponen 'seleccionar a los mejores' es la dificultad práctica para establecer *a priori* qué iniciativas empresariales son competitivas y cuáles no. Sin dudas es una dificultad seria. Pero también es una dificultad que atraviesan los capitalistas de riesgo y los inversores ángeles, por lo que desarrollaron suficientes criterios a evaluar como para saber qué hay que tener en cuenta: "el capital humano del fundador y sus motivaciones, las industrias en las que se insertan las empresas, sus ideas y estrategias de negocio, sus formas legales y estructura de capital, entre otras cosas", nos dan suficientes pistas para elegir los mejores proyectos.

En un breve artículo que escribimos por solicitud de una provincia que tenía la intención de montar su propia aceleradora de negocios, nos enfocábamos precisamente en este punto. Si el Estado quiere involucrarse en la promoción de emprendimientos competitivos, debe asumir una racionalidad *startup* o, en terminología de Sarasvathy (2001, 2008), *efectual*. Debe generar una propuesta de valor potente para atraer a los mejores emprendedores, centrarse en un acompañamiento integral (incrementando los *4C* de los fundadores) con una visión ecosistémica y sustentada en redes de apoyo empresariales. Debe adquirir la versatilidad y la velocidad del ámbito privado, fomentar la interacción directa con el mercado y una filosofía *agile* en todos sus procesos. En definitiva, el Estado debe convertirse en emprendedor.

Queremos anticiparnos a las críticas que podríamos recibir –por izquierda y por derecha– por la última oración del párrafo anterior. Desde diversas corrientes ideológicas, el Estado es cuestionado cuando se vincula con dispositivos de mercado, y la creación de empresas vaya que encaja como tal.

En su interesante libro *El Estado Emprendedor*, Mariana Mazzucato (2011) deconstruye el ideario que pesa sobre el Estado con connotaciones negativas vinculadas a la lentitud, a la extracción de recursos de las empresas y a la falta de innovación. Sobre la base de una profunda investigación, la autora logra demostrar cómo los desarrollos de los emprendedores innovadores en diversos rubros tecnológicos se enraízan en desarrollos liderados por diversos Estados nacionales. Sin embargo, los emprendedores innovadores son desagradecidos a la hora de reconocer que sus desarrollos son posibles gracias a tecnologías de base desarrolladas por los Estados. Pero la situación es más grave aún: con el modo de vinculación actual entre el aporte básico del Estado y los emprendedores se socializan los riesgos y las pérdidas, mientras que se privatizan las ganancias. ¿Es esto sostenible para sustentar iniciativas de desarrollo emprendedor de alto impacto? No desde el punto de vista de la eficiencia, de la solvencia y de la autonomía.

Está claro que el Estado no es una aceleradora de negocios, y que sus funciones son mucho más amplias y complejas que las de este tipo de organizaciones. Sin embargo, es necesario mirar la inversión pública en emprendedores con una lógica de 'retorno de la inversión'. En relación al gasto público en investigación y desarrollo, Sir Peter Gluckman (2015) se pregunta: "¿qué obtendrán los gobiernos a cambio de su inversión? ¿Cuál es el impacto potencial y real de la investigación?". Su propuesta es interesante en la medida en que complejiza el concepto de 'retorno' e incluye variables no económicas para cuantificarlo.

En la redacción reciente de un material orientado a incubadoras de empresas problematizábamos este mismo tema, intentando tipificar qué tipo de 'ingresos' económicos y no económicos debían generar estas organizaciones para ganar mayor sustentabilidad. Así y todo, la generación de ingresos económicos a partir del delta de crecimiento que hayan logrado en las empresas asistidas es una fuente genuina para lograr la autonomía de las organizaciones. Es necesario capturar parte del valor creado, para poder sostener la propuesta.

Además de la captura de valor (por alguna vía), otra lección que los programas genéricos de emprendedores deben aprender de las aceleradoras es el foco. Los programas orientados a segmentos específicos de emprendedores aumentan las probabilidades de éxito, en la medida en que evitan abordajes genéricos y recetas mágicas válidas para todo el mundo.

En Argentina, con el sustento de más de una década de experiencia en la activa promoción del desarrollo emprendedor, pero especialmente a partir de la sanción de la Ley Nacional de Apoyo al Capital Emprendedor, el Estado está generando dispositivos para vincularse proactivamente con el desarrollo emprendedor dinámico. En diversos puntos del país se están consolidando comunidades *startup* con un verdadero enfoque ecosistémico, y se están logrando puentes entre el ámbito privado, el ámbito público y el tercer sector.

Para el ámbito público, el desafío principal consiste en lograr en los diversos estamentos del Estado el suficiente grado de autonomía (económica, administrativa y política) en las iniciativas de desarrollo emprendedor como para que la promoción de la empresarialidad vinculada al desarrollo sea una política de Estado y trascienda las inclinaciones político-ideológicas de los diversos gobiernos.

8

Nuevos contextos para emprender

Lo reseñamos a lo largo del libro, y queremos enfatizarlo a modo de conclusión: en las últimas décadas, el desarrollo emprendedor se constituyó como una disciplina con alto grado de especialización tanto desde su dimensión académica como por la generación de metodologías adecuadas para su promoción. También los gobiernos, universidades e inversores aprendieron a orientar sus herramientas con mayor efectividad, y los mismos emprendedores adquirieron cierto sentido holístico sobre su función y generaron paradigmas colaborativos para impulsar la empresarialidad. Las propuestas ecosistémicas cimentan el nacimiento y consolidación de *comunidades startup* en diversos ámbitos.

Sin embargo, es necesario resaltar que este aprendizaje colectivo no sucedió espontáneamente ni fue impulsado por la observación de la dinámica de las nuevas empresas que se insertaban en las industrias tradicionales. Por el contrario, vino de la mano del surgimiento de nuevas tecnologías y empresas que, junto con los productos que lanzaban al mercado, crearon nuevos mercados e industrias. Pero lo que fue nuevo hace unas décadas ahora es extendido y masivo. La dinámica que impusieron en el desarrollo y adopción veloz de la tecnología sigue vigente, a la vez que surgen nuevos paradigmas de producción y de consumo. Los que fueron océanos azules hasta hace poco ahora son pequeñas lagunas, o directamente océanos rojos. A su vez se abren campos impensados y potenciales nuevos océanos azules que nadie puede pronosticar con precisión cómo se comportarán.

Los aprendizajes conceptuales y metodológicos nos dan herramientas para asistir con eficiencia el dinamismo de los emprendimientos actuales, pero ¿cómo debemos prepararnos para acompañar los emprendimientos de los próximos años? ¿Cómo serán las nuevas empresas competitivas de la próxima década? ¿Qué industrias se mantendrán relevantes y cuáles se redefinirán?

Para abordar esas preguntas, vamos a apelar a un apotegma del filósofo Edgar Morin, creador de las Ciencias de la Complejidad como propuesta transdisciplinaria que permite dar cuenta de la enorme diversidad y exponencialidad del conocimiento generado por la humanidad en el último siglo. Según su propuesta teórica centrada en la innovación, el futuro es impredecible porque el presente contiene semillas invisibles que no son perceptibles por estar bajo tierra, pero que en los próximos años germinarán, emergerán y crecerán como árboles, hierbas, flores o malezas que transforman indefectiblemente el paisaje. Nadie podía pronosticar su surgimiento, pero de repente ahí están.

Pensémoslo en términos de planificación. Imaginemos que a un conjunto de científicos se le encarga a inicios de la década de 1970 la tarea de diagnosticar la manera en que las empresas, familias y organismos públicos se comunicarán hacia fines de siglo. No sabemos qué diagnóstico propondrían, pero estamos casi seguros de que el informe incluiría muchos cables y terminales. Sin embargo, las semillas de internet y de la telefonía móvil estaban plantadas y eclosionarían en breve, reconfigurando rápidamente la escena y volviendo obsoletos sus pronósticos.

Si esto aplica a una situación pasada, tanto más aplica al futuro, teniendo en cuenta el permanente avance de la frontera tecnológica. Resulta clave entender la dinámica del cambio, que es lo que nos interesa profundizar para ligarlo a la empresarialidad del futuro. Nada es lineal, tal como lo expresa Morin (2009):

Las innovaciones/creaciones constituyen desviaciones, que pueden amplificarse y se fortalecen en tendencias, que o bien pueden introducirse en la tendencia dominante y modificar la orientación, o bien pueden sustituirla. Así, una evolución, sea biológica, sociológica o política, no es nunca frontal ni regular. La historia no avanza en torrente como un río. Brota de forma marginal, se desarrolla de forma desviada según el esquema: innovación → desviación → tendencia → nueva norma u ortodoxia.

Y tenemos una noticia para ustedes: lo que se consolidará como nueva norma no serán necesariamente los mejores productos tecnológicos. Serán, en cambio, aquellas innovaciones que sorteen el 'abismo' en la *curva de Rogers*, aquellos productos que consigan una base de usuarios suficientemente masiva como para imponerse. Y no podemos predecir con precisión cuáles serán, precisamente porque subyacen en el campo las semillas que menciona Morin.

Sin embargo, si bien no podemos pronosticar específicamente qué innovaciones triunfarán y planificar en los emprendimientos del futuro en base a ellas, sí podemos tener claras intuiciones sobre los carriles por los cuales tienen chance de advenir. Para ilustrar este punto tomamos otra metáfora, esta vez de la mano de Fernando Flores (2013). Para este autor, en una clara coincidencia con uno de los principios efectuales de los emprendedores dinámicos de Sarasvathy, no se trata de predecir el futuro sino de anticiparlo, de darle forma, de controlarlo. La palabra que usa Flores para referirse a este concepto es bastante más lúdica: se trata de *surfearlo*.

A escala individual, las variables no controlables siempre serán muchas más que las controlables. Nuestro poder de incidencia siempre será acotado. Excepto cuando captamos una tendencia expansiva y nos montamos sobre ella. Si logramos hacerlo, la dinámica misma (de la industria, del mercado, de la sociedad) nos impulsa, y a la vez nos permite darle forma, dejar nuestra impronta en el mundo y aportar valor surfeando las olas a nuestra propia manera.

Prepararse para emprender en el escenario futuro requiere dar un giro copernicano en cómo nos enfrentamos a tal desafío. No se trata de adaptarse al futuro: se trata de anticiparlo, de traerlo al presente con nuestras propias acciones. Pero esto requiere entrenar la vista para percibir cuáles serán las tendencias que cobrarán vigor y se expandirán. Utilizando nuevamente una alegoría natural, se trata de discernir qué ondas están hoy en formación, mar adentro, pero serán grandes olas cuando lleguen a la costa.

Por cierto, no es indicado hacer ni futurología ni ciencia ficción. Por el contrario, la clave es mantener una visión centrada en las tendencias, sostener lo que Flores define como *orientación estratégica al futuro*:

> Vivimos en una era de cambio acelerado y permanente. Ante nosotros se presenta el horizonte abierto del futuro. Se pueden discernir tendencias que iluminan ciertas zonas, pero vemos que se reducen las certezas y resulta imposible aplicar las reglas clásicas de la planificación. El mundo y la historia se nos presentan como un océano de contingencias, con una cuota siempre impredecible de sorpresa, en el que debemos aprender a navegar (o surfear).

Siguiendo el principio del 'piloto de avión' de Sarasvathy, no se trata tanto de pronosticar todas las eventuales tormentas posibles (lo cual es imposible), sino de desarrollar las habilidades necesarias para sortearlas y llegar a buen destino en cada vuelo. Es sobre esta base –proactiva, no adaptativa– que los emprendedores 'abren nuevos mundos' (en términos de Flores, 2000).

Tendencias

Durante los últimos años, en diversos espacios de formación de formadores y de emprendedores propusimos una actividad que consistía en identificar, en el rubro en el que se insertaban los emprendimientos que lideraban o que acompañaban, las tendencias de vanguardia. A modo de tarea, los cursantes debían compilarlas en una presentación con imágenes alusivas y compartir las tendencias con sus compañeros en una jornada de exposiciones. Así, se producían intercambios entre tendencias en diseño, en alimentos, en industrias digitales, en turismo, en producciones agropecuarias, en construcciones, en robótica, etc. El ejercicio tenía dos objetivos centrales:

a. estimular la vigilancia tecnológica, prestando atención a lo que sucedía en la frontera del desarrollo de una industria determinada, y

b. fomentar la transdisciplinariedad y el proceso de copia y adaptación (*benchmarking*), tomando tendencias de otros rubros que pudieran enriquecer nuestra propia actividad.

Claro que no siempre resultaron bien las presentaciones. Mirar las tendencias, lo que está ocurriendo en la frontera de emprendimientos como los nuestros, no es algo para lo que estamos necesariamente entrenados. Sin embargo, la competitividad y relevancia de nuestra propuesta de valor y de nuestro modelo de negocios probablemente esté ligada a ese ejercicio.

¿A qué debemos prestarle atención cuando miramos las tendencias? A todo. Simplemente no hay recetas. Y tal vez las principales pistas para la diferenciación provengan de los detalles que resultan casi imperceptibles, no de aquello que todos tienen a la vista. Y ese *insight* que se logra al ver lo que otros no ven no es ni más ni menos que el ojo del especialista, la *alertidad* que debemos entrenar. Sobre todo, si queremos llegar a apalancar nuestras empresas en las tendencias cuando aún son océanos azules.

Por esto, todo lo que sigue en este apartado debe ser tomado tan solo como una guía de observación, no como una descripción del paisaje. Los invitamos a acompañarnos a la última visita guiada del libro, cuyo objetivo es entrenar el pensamiento incremental.

Si bien el fenómeno es incipiente y, tal como lo demuestra la historia económica de los últimos siglos, la dinámica del capital es altamente efectiva a la hora de absorber cualquier paradigma alternativo, una plétora de opciones, sin pretensiones revolucionarias, discute en última instancia el *pívot* de nuestro sistema económico político: la propiedad. Como todos sabemos, la propiedad privada está protegida por complejos andamiajes legales e institucionales en los Estados, y nadie está dispuesto a renunciar gratuitamente a aquello que posee y considera propio. Sin embargo, por diversas vertientes la posesión se está volviendo menos importante que la funcionalidad, la accesibilidad y la usabilidad.

Ya es por todos conocido el mantra que se repite sobre las nuevas generaciones: que valoran más las experiencias que la acumulación de bienes. Los viajes sobre las pertenencias. Y todas esas connotaciones románticas. Pero ¿alguno de ustedes probó de tener un auto viviendo en el centro de una gran ciudad? ¿Y una casa quinta para ir a pasar los fines de semana en las afueras? Realmente es un trastorno. A menos que tengas una renta extraordinaria (a la que no accede el mayor porcentaje de la sociedad), los costos de estacionamiento, peaje, multas, patente, mantenimiento del jardín, reparaciones, impuesto inmobiliario y automotor, y las horas dedicadas a cuidar y sostener las propiedades son realmente una canilla abierta por la que se va el tiempo y el dinero, dos de los bienes más escasos en los tiempos que corren.

¿No es mejor poder disponer de un automóvil en el momento en que lo necesitemos para llegar al lugar al que tenemos que llegar y que, una vez arribado, directamente se esfume para no tener que preocuparme por estacionarlo, cuidarlo, etc.? ¿Y no es mejor poder disponer de una casa exclusivamente cuando tengo tiempo y ganas de utilizarla, sin tener que asumir el costo de mantenerla los 365 días del año? Eso explica por qué Google está invirtiendo en autos autónomos, y por qué tiene tanto éxito *Airbnb*. La cultura urbana está imponiendo sus usos y costumbres, y la usabilidad le está ganando la batalla a la propiedad. No es el tipo de revolución contra la propiedad que imaginaban los anarquistas y socialistas del siglo pasado, pero en definitiva *tener* tiene un nuevo sentido.

El poder del consumo es, en definitiva, el poder del mercado, y en su atómica incidencia con cada decisión de compra individual, está permitiendo el surgimiento de productos sustentables, orgánicos, biodinámicos, vinculados a las culturas locales, *fairtrade*, amigables con la fauna autóctona, con las mascotas, con los veganos, y vaya a saber cuántos *friendly* más. En parte, esto es posible gracias a los negocios *longtail* (o de 'larga cola'), basados en plataformas cuyo costo por abastecer a un nuevo usuario es cercano a cero[84]. Así, los negocios de nicho también pueden ser masivos (si la escala deja de ser local).

Por otro lado, gracias a las plataformas y organizaciones, compartir lo que tenemos, lo que sabemos y lo que hacemos pasó a ser un intercambio C2C. Ir a trabajar a otra parte del mundo a cambio de alojamiento, comida, vínculos y una experiencia para sumar en el *curriculum vitae* se convirtió en una práctica extendida[85]. También el intercambio no monetario (colaborativo) de diversos bienes y servicios, y la optimización de la capacidad ociosa de camiones, automóviles, asientos de avión, depósitos, etc. Y qué decir de los movimientos de código abierto (*open source*), de *hardware* abierto (*open hardware*), de diseño de maquinarias abiertas[86], las licencias de propiedad abierta (*creative commons*), los

---

[84] Cfr. Rifkin, 2014.
[85] https://goo.gl/kDMJLh
[86] https://goo.gl/fQsNWG

procesos de desarrollo colaborativo, de innovación abierta y las plataformas de intercambios que permiten la externalización masiva o colaborativa (*crowdsourcing*). También el financiamiento colectivo (*crowdfunding* y *crowdlending*), e incluso la fijación de precios colectiva (*crowdpricing*) redefinen o proponen sistemas alternativos de propiedad sobre los conocimientos, los esfuerzos, los bienes, los servicios y sobre las empresas que los ofrecen.

La distribución pasó a ser un factor clave, tal como podemos afirmar con Amazon, aun cuando sus innovaciones (tales como el reparto de mercadería utilizando drones y la propuesta de ingreso del repartidor al domicilio con un código electrónico cuando no está el dueño de casa) hayan sido innovaciones que llegaron demasiado temprano al mercado y pagaron un costo por ello.

Tienen claro también el poder de la distribución los servicios *on demand* de contenidos digitales. Especialmente por los problemas que ocasiona la dispersión del contenido relevante. ¿Les pasó enfrentarse a los miles y miles de títulos que ofrece Netflix y quedarse paralizados ante la pantalla principal, indecisos sobre qué mirar por miedo a perder tiempo con una mala serie, película o documental? En esos momentos siempre es buena la recomendación de un amigo, ¿cierto? En general terminamos viendo lo que varias personas de nuestro círculo cercano nos indicaron. No es casual que, por este fenómeno, en era de la sobreinformación se hayan erigido los *influencers* como figuras centrales, como una suerte de acomodador de cine que nos lleva al asiento indicado evitándonos andar a tientas para descubrir dónde queríamos llegar.

Los niños descubrieron este valor de guiar y ser guiados, y por esto consumen y publican videos tutoriales para casi todo. Y mirándolos asimilan contenidos de una manera alternativa a las convencionales, generando modalidades de aprendizaje autoguiado por sus motivaciones, o 'aprendizaje invisible', tal como lo denominan Cobo Romaní y Moravec (2011).

Por otro lado, ya está presente en nuestra sociedad lo que Moravec et al. (2013) denominan la *knowmad society*, en referencia a la pérdida del anclaje físico de muchas actividades humanas y a las posibilidades de relocalizarse (sin no se pierde la conectividad) que eso genera.

También estamos en ciernes del descubrimiento de la descentralización de diferentes procesos. Desde las megaobras concentradas para generar energía, el paradigma migró a la generación distribuida e intercambio de energía. Es posible que tampoco sea lejana la fabricación domiciliaria de bienes, con las tecnologías de control numérico que soportan la impresión 3D, y cuando el concepto de industria gane microescala de la mano del *hágalo usted mismo* (*do it yourself*), trascendiendo lo que actualmente se define como fábrica 4.0. El diseño y los servicios en general ocuparán el lugar de los bienes, como la mercadotecnia viene proponiendo hace más de diez años, y *gratis* será un precio cada vez más extendido para muchos productos (Anderson, 2009).

La inteligencia artificial y la robótica están reemplazando mil funciones que actualmente realizamos los humanos y, con el desarrollo exponencial de esas tecnologías, sabemos que este proceso recién empieza. Los pronósticos sobre las consecuencias sociales que esto ocasionará oscilan entre lo catastrófico y lo promisorio, pero lo único seguro al respecto es que en la medida en que se redefina el límite de lo artificial, también se redefinirá el límite de lo humano.

¿Y qué hay de esto en internet? El test de Turing difícilmente sea un indicador vigente para medir la diferencia entre la inteligencia humana y la artificial a partir de la vigencia *web semántica* (3.0) y de la experiencia personalizada al extremo que advino con la web 4.0, que recién comienza pero ya promete gestionar nuestro propio mundo personal al nivel de 'elija su propia burbuja', sólo que una inteligencia impersonal y externa participará del 'elija'. ¿Y qué decir de la web 5.0 que será predictiva, basada en algoritmos que podrán anticiparnos nuestras propias preferencias en función de la información que le proveemos a la red?

Todo esto es posible a partir de la generación y gestión de grandes volúmenes de datos (*big data*), que son la proteína de los sistemas inteligentes que paso a paso permean todos los ámbitos, sin distinción entre físico y digital y, por supuesto, interactuando de igual a igual con la *vida*, de la mano de la bio y de la nanotecnología.

Pero, para terminar la descripción de este impreciso sobrevuelo en busca de olas nacientes antes de que se transforme en una mala copia de *Black Mirror*, queremos señalar un punto central: en el corto plazo serán puestas en jaque las organizaciones tal como las conocemos. No es nuevo el concepto. Después de todo, es el principio que subyace desde la década de 1990 en la descripción del acrónimo '*VUCA world*', es decir, del mundo actual cargado de volatilidad (*volatility*), incertidumbre (*uncertainty*), complejidad (*complexity*) y ambigüedad (*ambiguity*). La redefinición de lo institucional, y no tanto cuánto cotice cada una, es lo más revolucionario que subyace a las tecnologías vinculadas a las criptomonedas.

Mientras que no faltan los agoreros que pronostican una enorme burbuja financiera alrededor de las *crypto*, otros son optimistas (como Wences Casares, el argentino precursor del tema en el Silicon Valley, o Ale Sewrjugin, el autor de la propuesta de economía Phi); y los más visionarios capitalistas de riesgo del planeta están invirtiendo millones de dólares tanto en criptomonedas como en la cadena de bloques (*blockchain*), la tecnología de validación distribuida que permite resguardar su autenticidad, propiedad y valor.

No es tan disruptivo que se exploren vertientes digitales para resguardar el valor. Después de todo, en algún momento de la historia el oro fue reemplazado por simples pedazos de papel pintado que permitieron atesorar e intercambiar bienes y servicios, y le llamamos dinero. Pero aún hoy aceptamos el dinero en papel, no importa de qué color ni tamaño, porque detrás de él hay un Estado nacional que garantiza su valor a partir de su Banco Central. En última instancia, son los Estados quienes resguardan el valor de nuestros intercambios. Y lo digital no es una frontera real para esto, ya que cada vez utilizamos menos papel y más medios digitales (tales como tarjetas de crédito, de débito, transferencias por *homebanking*, billeteras electrónicas, y hasta *pim* por *sms*) para intercambiarlo. Esto vale para los pesos, los dólares, los yuanes y los euros. Pero ¿quién sustenta el valor de las criptomonedas? Nadie. O todos. El último reducto de confianza no finaliza en un Estado Nación sino en una tecnología, la *blockchain*, una estructura de datos distribuida en millones de terminales, inalterable, descentralizada y capaz de generar confianza sin necesidad de terceras partes. Así, el intercambio de valor entre dos partes ya no necesita una tercera parte (en el caso del dinero, un Estado) para certificar la validez de lo transado.

¿Y esta tecnología, la *blockchain*, sólo es aplicable para certificar valor monetario? Ya habrán intuido que no. Al ser un registro trazable, inalterable e impersonal, sirve para validar y otorgar confianza en cualquier rubro de interacciones sociales que requieran ser registradas. ¿Se pusieron a pensar en la cantidad de instituciones que nuestras sociedades generaron para certificar y otorgar confianza a las partes? ¿Se imaginan cómo sería el mundo sin ellas? Los escribanos, contadores, abogados, registros del automotor, sellados en el Ministerio del Interior, pasaportes y documentos nacionales de identidad, bancos, y hasta los mismos Estados van a redefinir sus funciones. Y, si estas tecnologías se consolidan, algunos de los mencionados simplemente desaparecerán como profesión o como institución.

¿Y qué tiene todo esto que ver con el emprendedorismo, se preguntarán a esta altura? ¿Por qué elegimos terminar el libro con esta aparentemente ambigua e imprecisa descripción de un improbable futuro mediato?

En primer lugar, porque no es tal. No es una descripción del futuro; tal cosa iría contra lo que predicamos. Por el contrario, decidimos reseñar lo que, con nuestro sesgo de formación, entrevemos como semillas y plantas que están emergiendo del ras de la tierra y que posiblemente configuren el paisaje en el que se insertarán las empresas más competitivas de los próximos cinco a diez años. Y de antemano advertimos que lo hacíamos en calidad de guía de observación, como esos conceptos que queremos dejar en su memoria en el último tramo de la visita guiada. En este final elegimos el sentido etimológico de la palabra *proyecto*, que significa literalmente 'arrojado hacia adelante'. En este mundo que adviene se dirimirá qué resulta innovador y competitivo.

En segundo lugar, lo hicimos por algo que ya habrán adivinado. El emprendedorismo no nos interesa en sí mismo, sino como una herramienta potente para impulsar el desarrollo local, para generar valor distribuido y para lograr un mayor bienestar y equidad social. Desde esta perspectiva, definitivamente no sabemos cómo será el futuro, pero sí podemos afirmarles que el protagonismo de los emprendedores a la hora de acercarlo, de hacerlo posible, de darle forma y contenido humano, será incremental.

Bibliografía

Anderson, C. *Gratis: el futuro de un precio radical*, Ed. Urano, Barcelona, 2009.

Aspen Network of Development Entrepreneurs. *Entrepreneurial Ecosystem Diagnostic Toolkit*, Aspen, 2013.

Audretsch, D. B. y A. R. Thurik. *What is new about the new economy: sources of growth in the managed and entrepreneurial economies*, Industrial and Corporate Change, 2001.

Audretsch, D. B. y A. R. Thurik. *A model of the entrepreneurial economy*, International Journal of Entrepreneurship Education, 2004.

Bidwell, J. *Disrupt! 100 lessons in business innovation*, Quercus, Londres, 2017.

Birch, D. G. W. *The job generation process*, MIT Program on Neighborhood and Regional Change, 1979.

Blank, S. G. *The four steps to the Epiphany. Successful Strategies for Products that Win*, Estados Unidos, Quad/Graphics, 2007.

Blank, S. y B. Dorf. *The Startup Owner's Manual*, K&S Ranch, Estados Unidos, 2012.

Bosma, N.; A. Corduras; Y. Litovsky; y J. Seaman. *A report on the design, data and quality control of the Global Entrepreneurship Monitor*, Global Entrepreneurship Monitor, version 2012-9: May.

Brandenburger, A. y B. Nalebuff. *Coopetencia*, Grupo Editorial Norma, Barcelona, 2005.

Buchanan, R. *Wicked Problems in Design Thinking*, Design Issues, Vol. 8, N° 2, 1992.

CAF, *Emprendimientos en América Latina: Desde la subsistencia hacia la transformación productiva*. Banco de Desarrollo de América Latina (CAF), Reporte de Economía y Desarrollo, Bogotá, 2013.

Cantillon, R. *Ensayo sobre la Naturaleza del Comercio en General* (escrito en torno a 1730). Disponible en https://goo.gl/RESsj3.

Cobo Romaní, C. y J. W. Moravec. *Aprendizaje Invisible. Hacia una nueva ecología de la educación.* Colección Transmedia XXI, Laboratori de Mitjans Interactius / Publicacionsi Edicions de la Universitat de Barcelona, Barcelona, 2011.

Chan Kim, W. y R. Mauborgne. *La estrategia del océano azul,* Ed. Norma, Barcelona, 2005.

Federico, J. *Políticas de Desarrollo Emprendedor. Reflexiones teóricas, evidencias y propuestas para el caso de Argentina,* UNGS, Buenos Aires, 2006.

Feld, B. *Startup Communities. Building an Entrepreneurial Ecosystem in your City,* Ed. Wiley Global Finance, Estados Unidos, 2012.

Flores, F.; C. Spinosa y H. Dreyfus. *Abrir Nuevos Mundos,* Ed. Taurus, Barcelona, 2000.

Flores, F. *Orientaciones estratégicas para la innovación. Surfeando hacia el futuro. Chile en el horizonte 2025,* Consejo Nacional de Innovación para la Competitividad (CNIC), 2013.

Gersick, K.; J. Davis; M. Hampton y I. Lansberg. *Generation to Generation: Life Cycles of Family Business,* Harvard Business School Press, Boston, 1997.

Hanson, N. *Patterns of Discovery: An Inquiry into the Conceptual Foundations of Science,* Cambridge University Press, 1958.

Harding, R. *Social enterprise: the new economic engine?* Business Strategy Review, London Business School, 2004.

Hessels, J.; M. van Gelderen y R. Thurik. *Entrepreneurial aspiration, motivation, and their drivers,* Ed. Springer, Estados Unidos, 2008.

IBM Institute for Business Value. *Incumbents strike back. Insights from the Global C-suite Study,* New York, 2018.

Isenberg, D. *How to Start a Entrepreneurial Revolution,* Harvard Business Review, Junio 2010.

Isenberg, D. *The entrepreneurship ecosystem strategy as a new paradigm for economic policy: Principles for cultivating entrepreneurship*, Babson Entrepreneurship Ecosystem Project, Estados Unidos, 2011.

Isenberg, D. *Worthless, Impossible and Stupid. How contrarian entrepreneurs create and capture extraordinary value*, Harvard Business Review Press, Boston, 2013.

Jóvenes Emprendedores Rurales. *Guía de Acceso a Recursos*, SAGPyA, 2005.

Kantis, H. *Desarrollo Emprendedor. América Latina y la experiencia internacional*, IADB-FUNDES, Washington, 2004.

Kantis, H. *Emprendedores de origen humilde: ¿cómo incide la estructura social en la creación de empresas en América Latina?*, UNGS, 2005.

Kantis, H. *Aportes para el diseño de Políticas Integrales de Desarrollo Emprendedor en América Latina*, División CyT BID, 2008.

Kantis, H. *Aportes para el diseño de Programas Nacionales de Desarrollo Emprendedor en América Latina*, Banco Interamericano de Desarrollo, 2008.

Kantis, H.; P. Angelelli y V. MooriKoenig. *Desarrollo emprendedor. América Latina y la experiencia internacional*, Banco Interamericano de Desarrollo, Washington, 2004.

Kantis, H. y S. Drucaroff. *Corriendo Fronteras para crear y potenciar empresas*, Granica, Buenos Aires, 2011.

Kantis, H.; J. Federico y S. Ibarra García. *Índices de Condiciones Sistémicas para el Emprendimiento Dinámico. Una herramienta para la acción en América Latina*, UNGS-PRODEM, 2014.

Kantis, H.; J. Federico y S. Ibarra García. *Condiciones Sistémicas para el Emprendimiento Dinámico 2015. América Latina en el nuevo escenario global*, UNGS-PRODEM, 2015.

Kantis, H.; J. Federico y S. Ibarra García. *Condiciones Sistémicas para el Emprendimiento Dinámico. Novedades y tendencias para fortalecer e integrar los ecosistemas de la región,* 1ª ed., Rafaela, Asociación Civil Red Pymes Mercosur, 2016.

Kantis, H.; J. Federico y S. Ibarra García. *Condiciones Sistémicas para el Emprendimiento Dinámico 2016. Novedades y tendencias para fortalecer e integrar los ecosistemas de la región. Resultados Preliminares,* UNGS-PRODEM, 2016.

Kantis, H.; J. Federico y S. Ibarra García. *Condiciones Sistémicas para el Emprendimiento Dinámico 2017. América Latina: avances y retrocesos en perspectiva. Resumen,* UNGS-PRODEM, 2017.

Kantis, H.; J. Federico y C. Méndez. *Políticas de Fomento al Emprendimiento Dinámico en América Latina: Tendencias y Desafíos,* CAF Working Papers, 2012.

Kirzner, I. *Competition and Entrepreneurship,* The University of Chicago Press, Chicago, 1973.

Klimovsky, G. *Las desventuras del conocimiento científico. Una introducción a la espistemología,* A-Z Editora, Buenos Aires, 2001.

Knight, F. H. *Risk, Uncertainty, and Profit,* Hart, Schaffner, and Marx Prize Essays, N° 31, Houghton Mifflin, 1921.

Kuhn, T. *La estructura de las revoluciones científicas,* Fondo de Cultura Económica, México, 2013.

Lerner, J. y A. Schoar (Ed.), *International Differences in Entrepreneurship,* University of Chicago Press, 2010.

Mason, C. y R. Brown. *Entrepreneurial ecosystems and growth oriented entrepreneurship,* OECD-LEED, The Hague, Netherlands, 2014.

Maurya, A. *Running Lean. A systematic process for iterating your web application from Plan A to a plan that works,* O'Reilly Media, 2010.

Mazzucato, M. *The Entrepreneurial State,* Ed. Demos, Londres, 2011.

McClelland, D. *The Achieving Society,* The Free Press, Nueva York, 1961.

Moravec, J. W. (Ed.). *Knowmad Society*, Minneapolis, Education Futures, 2013.

Morin, E. *¿Hacia dónde va el mundo?*, Paidós, Madrid, 2009.

Naudé, W. *Entrepreneurship is not a Binding Constraint on Growth and Development in the Poorest Countries*, United Nations University, World Institute for Development Economics Research (UNU-WIDER), Research Paper N° 2009/45, Helsinki, 2009.

OCDE-Eurostat, *Manual on Business Demography Statistics*, Paris, 2007.

Osterwalder, A.; Y. Pigneur; G. Bernarda y A. Smith. *Diseñando la propuesta de valor. Cómo crear los productos y servicios que tus clientes están esperando*, Ed. Deusto, Barcelona, 2015.

Osterwalder, A. y Y. Pigneur. *Generación de Modelos de Negocio. Un manual para visionarios, revolucionarios y retadores*, Ed. Deusto, Barcelona, 2011.

Popper, K. *Conjeturas y Refutaciones: el crecimiento del conocimiento científico*, Paidós, Barcelona, 1983.

Ries, E. *The Lean Startup. How Today's Entrepreneurs Use Continuous Innovation to Create Radically Successful Businesses*, Crown Business, New York, 2011.

Rifkin, J. *La sociedad de costo marginal cero*, Ed. Paidós, Barcelona, 2014.

Sarasvathy, S. *Effectuation. Elements of Entrepreneurial Expertise*, University of Virginia, Edward Elgar Publishing, Massachusetts, 2008.

Sarasvathy, S. *What makes entrepreneurs entrepreneurial?* University of Virginia, 2001.

Schultz, T. *The Value of the ability to deal with disequilibria*, Journal of Economic Literature, vol. 13, 1975.

Schott, T.; E. Rogoff; M. Herrington y P. Kew. *Special topic report 2016-2017 on Senior Entrepreneurship*, Global Entrepreneurship Research Association, 2017. https://goo.gl/PqU2k9.

Shane, S. *Economic Development through Entrepreneurship. Government, University and Business Linkages*, Edward Elgar Publishing, Massachusetts, 2005.

Shane, S. et al. *Entrepreneurial Motivation*, Human Resource Management Review, Elsevier Science Inc., Maryland, 2003.

Shane, S. *Why encouraging more people to become entrepreneurs is bad public policy*, World Entrepreneurship Forum, The Weatherhead School of Management, Case Western Reserve University, 2008.

Shapero, A. *The Entrepreneurial Event*, en Kent C. A. (Ed.). *The Environment for Entrepreneurship*, Lexington Books, Lexington Mass, 1984.

Sibilia, P. *El Hombre Postorgánico. Cuerpo, subjetividad y tecnologías digitales*, Fondo de Cultura Económica, Buenos Aires, 2010.

The Failure Institute. *The State of Failure*, April 18, 2017. Version 1.7. Disponible en: https://goo.gl/N6bTMZ.

Thurik, A. *The 'managed' and the 'entrepreneurial' economy*, Free University Amsterdam, World Entrepreneurship Forum, 2008.

Timmons, J. *New venture creation: entrepreneurship for the 21st century*, McGraw-Hill, Boston, 1999.

Veciana, J. M. *Creación de empresas como programa de investigación científica*, Revista Europea de Dirección y Economía de la Empresa, vol. 8, n° 3, 1999, pp. 11-36.

Veciana, J. M. *La creación de empresas. Un enfoque gerencial*, La Caixa, Barcelona, 2005.

Verheul, Ingrid; S. Wenneker; D. Audresch y R. Thurik. *An Eclectic Theory of Entrepreneurship*, Tinbergen Institute, Amsterdam, 2001.

Wood, M., y W. McKinley. *The Production of Entrepreneurial Opportunity: una perspectiva constructivista*, Wiley Inter-Science, 2010. Disponible en: https://goo.gl/HQbGd9.

World Economic Forum 2014, *Entrepreneurial Ecosystems Around the Globe and Early-Stage Company Growth Dynamics*, Geneva, Switzerland, 2014.

Los autores

Juan Pablo Luna

Licenciado en Humanidades y Ciencias Sociales. Se especializa en desarrollo local y en desarrollo emprendedor. Trabajó en diversos procesos de planificación estratégica participativa. Fue referente técnico en la Reserva de Biósfera Andino Norpatagónica. Fue gerente del CAPEC, Incubadora de Empresas de la Ciudad de Esquel, y director de Alimentos en el Ministerio de Producción de la Provincia del Chubut, instituciones en las que impulsó el Laboratorio de Sabores como una estrategia de innovación abierta en alimentos regionales. Fue asesor externo del Programa de Emprendedorismo e Innovación de la Facultad de Ingeniería de la UNPSJB, y se desempeñó como gerente de Emprendedores, PyMEs y Financiamiento en CORFO Chubut. Fue formador y tutor en Emprendé ConCiencia (MinProd, SocialLab, Fundación INVAP). En su rol docente ha dictado clases virtuales y redactado contenidos académicos para la Diplomatura en Gestión del Desarrollo Emprendedor (PRODEM-UNGS), para Incubar y para la Academia Argentina Emprende (SEPYME, Ministerio de Producción), entre otros. Actualmente es disertante, formador de emprendedores y formador de formadores en diversos programas.

@jplpatagonia
https://www.linkedin.com/in/juan-pablo-luna-4128387a

Graciela Inés Gallo

Directora del Centro de Emprendedores y directora de la Licenciatura en Administración Hotelera de la Escuela Argentina de Negocios (EAN). Es licenciada en Comunicación Social (UNLP) con especialización en Turismo Rural y Desarrollo Sustentable, docente autorizada de la Universidad de Buenos Aires (UBA) y técnica asesora del Instituto Nacional de Tecnología Agropecuaria (INTA), Argentina. Emprendedora de alma y formación, acompaña incansablemente a grupos de productores y familias rurales de Argentina en el desarrollo del turismo como agregado de valor a las producciones y a la identidad local. Ha facilitado proyectos y su implementación para organismos nacionales, provinciales y municipales, en los que fue gestora de conocimientos y de recursos financieros. Docente universitaria en las áreas de Comunicación, Comercialización, Marketing Turístico, Turismo Rural, Producciones Animales Alternativas y Turismo y Patrimonio, es autora principal de libros y publicaciones académicas, habiendo realizado programas y planes de carrera para universidades nacionales. Consultora de referencia en Turismo Rural en Argentina y Latinoamérica, promueve la Red Iberoamericana de Turismo Sustentable e integra la Red Internacional I-Marketur.org

@gracielagallotr
www.gracielagallo.com
https://www.linkedin.com/in/gracielagallo/

Este libro se terminó de imprimir en octubre de 2018 en Imprenta Dorrego (Dorrego 1102, CABA).